Ci siamo

WORKBOOK

Claudio Guarnuccio • Elio Guarnuccio
Photography by Elio Guarnuccio
Illustrated by Roger Harvey

CIS·Heinemann

CIS•Heinemann
A division of Reed International Books Australia Pty Ltd
22 Salmon Street, Port Melbourne, Victoria 3207
Telephone (03) 9245 7111
Facsimile (03) 9245 7333
World Wide Web http://www.heinemann.com.au
Email info@heinemann.com.au

Offices in Sydney, Brisbane, Adelaide and Perth.
Associated companies, branches and representatives
around the world.

Authors: Claudio Guarnuccio and Elio Guarnuccio
Italian language consultant: Piero Genovesi
Illustrated by Roger Harvey
Edited by Jo Horsburgh
Editorial contributions: Hilary Royston
Typesetting and layout by Palmer Higgs Pty Ltd
Design assistance: Anita Belia
Cover design by David Doyle
Photography by Elio Guarnuccio
Production by Alexandra Tannock

Printed and bound in Australia by Impact Printing Pty Ltd

2006	2005	2004	2003	2002	2001	2000	1999	1998	1997
10	9	8	7	6	5	4	3	2	1

Cover photo: Parco Ducale di Urbania

ISBN 1 875633 47 2

Contenuto

■ Ascoltiamo!

A Saluti

Listen to each conversation, and circle the greeting you hear.

1	buongiorno	salve	buonasera	ciao	arrivederci	benvenuto
2	buongiorno	salve	buonasera	ciao	arrivederci	benvenuta
3	buongiorno	salve	buonasera	ciao	arrivederci	benvenuto
4	buongiorno	salve	buonasera	ciao	arrivederci	benvenuta
5	buongiorno	salve	buonasera	ciao	arrivederci	benvenuta
6	buongiorno	salve	buonasera	ciao	arrivederci	benvenuta
7	buongiorno	salve	buonasera	ciao	arrivederci	benvenuto
8	buongiorno	salve	buonasera	ciao	arrivederci	benvenuto
9	buongiorno	salve	buonasera	ciao	arrivederci	benvenuta
10	buongiorno	salve	buonasera	ciao	arrivederci	benvenuti

B Come stai?

The people listed below are telling us how they feel. Highlight the facial expression which best describes what they say. Listen carefully to who is speaking because they are not listed in order.

Franco	Adele	Aldo	Dora	Professor Conti	Carla	Signor Ferri	Signora Pasotto

Ascoltiamo!

C In che classe è?

There are quite a few new students enrolled at the Centro Studi this term. As the teachers check through their lists, write the number of the class level under the appropriate name.

Nome: Lucia

Cognome: Burns

Classe: _____

Nome: Tim

Cognome: Lovely

Classe: _____

Nome: Maura

Cognome: Ferri

Classe: _____

Nome: Stefano

Cognome: Meyer

Classe: _____

Nome: Franco

Cognome: Olimpo

Classe: _____

Nome: Cecilia

Cognome: Utbult

Classe: _____

Nome: Armando

Cognome: Persico

Classe: _____

Nome: Caterina

Cognome: Faucheur

Classe: _____

D È una domanda? È una domanda.

Listen carefully to the following phrases and add the appropriate punctuation mark at the end of each sentence: a question mark if you hear a question, or a full stop if you hear a statement.

1 Il professore si chiama Consuelo Bucchi ☐

2 Lei è una studentessa ☐

3 Annamaria è olandese ☐

4 Questo è il livello 5 ☐

5 Cecilia Utbult è nel livello 8 ☐

6 Consuelo è un nome femminile ☐

7 Il professore è alto e biondo ☐

8 Carlo e Stefano sono italiani ☐

9 Sei molto gentile ☐

10 Ci siamo ☐

Capitolo uno 2

Ascoltiamo!

E Qual è il tuo numero di telefono?

The new students in Urbania are getting one another's phone numbers. Jot the numbers down as you hear them.

Nome	☎	Nome	☎
Tim		Stefano	
Carlo		Cecilia	
Gianna		Caterina	

F Com'è?

With so many new students at the Centro Studi it's hard to remember who's who. Listen to the descriptions of the students and tick the characteristics which apply to each person.

caratteristiche						
Lucia						
Tim						
Mauro						
Stefano						
Franco						
Cecilia						
Armando						
Caterina						

G Mi presento...

See if you can match the descriptions given with the people below. Place the number in the appropriate box.

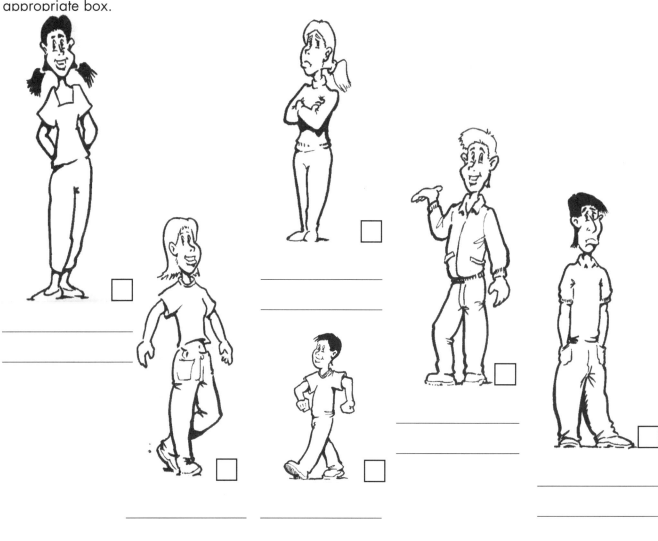

Now listen again and write the names of the people under the appropriate illustrations.

H Ci diamo del tu?

How well do these people know one another? Are they using the **tu** or **Lei** form?
Circle the appropriate word.

1	**tu**	**Lei**	4	**tu**	**Lei**
2	**tu**	**Lei**	5	**tu**	**Lei**
3	**tu**	**Lei**	6	**tu**	**Lei**

Gioco di parole

A Saluti

Write an appropriate greeting in each speech bubble.
Choose from the words given in the box.

arrivederci	ciao	salve
benvenuta		buonasera
	buongiorno	

B I numeri

Find the hidden numbers and rewrite them next to the appropriate numbers below.

nsrduemsbhpqmquattrozlzsettelpagunozeroetsgmncdiecipurtuottohkolpqouh

cinqueaaonbnovedimosasbdgsnsufnbmnseihdaaitrehmiisma

0 _____
1 _____
2 _____
3 *tre*

4 _____
5 _____
6 _____
7 _____

8 _____
9 _____
10 _____

Gioco di parole

C Aggettivi

How would you describe these people? Fill in this puzzle using the illustrations as clues.
When you have completed it, Lucia's favourite Italian city will appear in the shaded boxes.

D Parole, parole

Circle the odd word out.

1	donna	professore	studentessa	ragazza	signora
2	permesso	avanti	prego	s'accomodi	ragazzo
3	sette	sei	due	otto	quattro
4	classe	professore	studente	studentessa	donna
5	nome	classe	tesserino	cognome	nazionalità
6	americano	francese	svedese	inglese	Italia
7	tutti	bassa	triste	contento	bionda
8	buongiorno	ciao	arrivederci	salve	buonasera

Gioco di parole

E Dov'è?

Label each country and the nationality of its people.

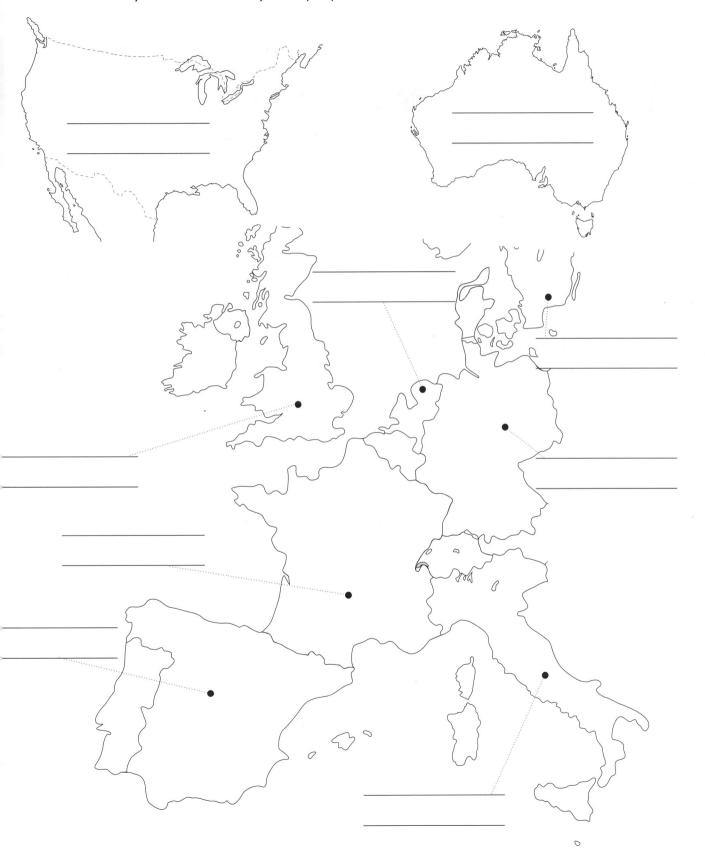

█ Punto per punto

A Ciao a lui, buongiorno a Lei

You've only been in Urbania a few days, but you already feel like one of the locals. Throughout the day you're bumping into people you know. Greet them appropriately, keeping an eye on the time of day.

1 Lucia **20.30**

2 il professor Pasotto **11.30**

3 il signor Valeri **18.45**

4 Annamaria **14.30**

Ciao, Lucia.
_____

_____   _____   _____

5 Roberto **16.00**

6 la signora Pasotto **9.30**

7 il signor Venditti **10.00**

8 la professoressa Bucchi **19.30**

_____   _____   _____   _____

_____   _____   _____   _____

B Come sta, signora?

Now ask the same people how they are and, from their expressions, guess their replies. Remember to address them using the correct form (**tu** or **Lei**).

1 *Come stai, Lucia?*
   Sto molto bene, grazie.

2 _____

   _____

3 _____

   _____

4 _____

   _____

5 _____

   _____

6 _____

   _____

7 _____

   _____

8 _____

   _____

Punto per punto

C Essere o non essere?

Complete this table of the verb **essere** by finding examples in the story on pages 1 to 3 of the *Textbook*. Remember that the subject pronouns (**io**, **tu** etc.) aren't always used.

essere		
io		
tu		
lui	è	*il professor Pasotto.*
lei		
Lei		
noi		
voi		
loro	*sono*	*studenti.*

D Tu chi sei?

La professoressa Bucchi and her students are getting to know one another. Complete the four conversations by filling in the correct form of the verb **essere**.

1 **Professoressa:** Allora, ragazzi, io _____ la professoressa Bucchi.
   E tu _____ Stefano, vero?

   Carlo: No, io _____ Carlo.

   Professoressa: Ah...piacere. Scusi. Voi _____ Annamaria e Laura?

   Annamaria: No, io _____ Annamaria ma lei_____ Lucia.

   Professoressa: Ah, molto bene.

2 **Carlo:** Scusi, voi_____ americani, vero?

   Vittorio: Sì, _____ americani. Io _____ di San Francisco e Tommaso _____ di Nuova York.

   Carlo: E loro, di dove _____ ?

   Vittorio: Chi, Paula e Maria? Loro _____ spagnole.

3 **Carlo:** Scusi, professoressa! Voi professori_____ tutti di Urbania?

   Professoressa: No, noi non_____ tutti di Urbania. Io e Roberta Rossi _____ di Urbino e Rolando Talozzi _____ di Gubbio.

4 **Professoressa:** Allora, tu_____ Carlo e tu _____ Vittorio, vero?

   Carlo: Ma no, io _____ Carlo e lui _____ Vittorio.

   Professoressa: Oh, scusi.

   Annamaria: Professoressa, Lei _____ molto simpatica.

   Professoressa: Grazie, Annamaria, e tu _____ molto gentile. O.K. Finalmente! Ci _____ !

E Questa ragazza o questo ragazzo?

After the first day of term, la professoressa Bucchi decided to go home and study the names of all the new students in the school. Write what she was saying as she looked at each photo. If you're having trouble remembering the names of the new students too, refer to pages 6 to 7 of the *Textbook*.

1 *Questa ragazza è Gianna.*

2 _____

3 _____
_____

4 _____

5 _____
_____

6 _____

7 _____

8 _____

F No, non è...

Lucia isn't very happy with Annamaria and contradicts everything that she says. Write Lucia's reply to each of Annamaria's statements.

1 **Annamaria:** Io sono australiana.

   Lucia: *Tu non sei australiana.*

2 **Annamaria:** La professoressa è alta.

   Lucia: _____

3 **Annamaria:** I professori sono di qui.

   Lucia: _____

4 **Annamaria:** Tu sei bassa.

   Lucia: _____

5 **Annamaria:** Io sono bionda.

   Lucia: _____

6 **Annamaria:** Voi siete fortunati.

   Lucia: _____

7 **Annamaria:** Noi siamo contenti.

   Lucia: _____

8 **Annamaria:** Io sono molto gentile.

   Lucia: _____

Punto per punto

G Maschile o femminile?

After her mix up with Consuelo, Lucia is paranoid about confusing feminine and masculine. Help her by putting **m** or **f** in the box next to each word.

1 ragazzo ☐
2 donna ☐
3 tesserino ☐
4 studente ☐
5 studentessa ☐

6 signora ☐
7 ragazza ☐
8 nome ☐
9 livello ☐
10 signore ☐

11 classe ☐
12 professore ☐
13 professoressa ☐

H Il, la – un, una

Label each illustration, first using the definite article **il** or **la,** then the indefinite article **un** or **una.**

1 *la ragazza*

2 _____

_____

5 _____

_____

3 _____

_____

4 _____

_____

6 _____

_____

7 _____

_____

8 _____

_____

1 Ecco i libri!

You had been looking for the following people and things and now you have finally found them.

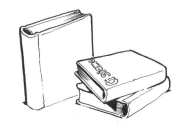

1 *Finalmente, ecco i libri!*

2 *Finalmente, ecco*

3 *Finalmente,*

4

5

6

7

Punto per punto

J Espressioni

After their lesson, Lucia and Annamaria stay in the classroom waiting for Stefano.
What would Lucia say in each of these situations? Choose from the expressions below.

Certo!	Avanti, s'accomodi!	Purtroppo sì.
~~Siamo fortunate.~~	Allora, arrivederci.	Anch'io.
	Piacere.	
Finalmente! Benvenuto!	Grazie, Lei è molto gentile.	Dov'è? Non c'è.

1   They agree that their class will be enjoyable.

Siamo fortunate.

2   Caterina, a friend of Annamaria, comes in and introduces herself to Lucia.

_____

3   Caterina asks if Annamaria and Lucia are in the same class.

_____

4   Caterina asks if they can catch up later.

_____

5   Caterina leaves.

_____

6   Someone knocks at the door and asks to come in.

_____

7   It's la signora Pasotto. She's looking for la professoressa Bucchi.

_____

8   La signora Pasotto thanks them and wishes them an enjoyable stay in Urbania.

_____

9   Stefano still hasn't arrived. They're becoming impatient.

_____

10   Annamaria says she's very hungry.

_____

11   Stefano finally arrives.

_____

Punto per punto

K Di dov'è?

Write the country of origin and the nationality of each person pictured opposite. Remember that the adjectives describing nationality have a masculine and a feminine form.

1 *Francisco è di Madrid. È spagnolo.*

2 _____

3 _____

4 _____

5 _____

6 _____

7 _____

8 _____

9 _____

L Domande

Now answer the following questions.

1 Di dov'è Caterina?

   È di Lyon.

2 Di dov'è Carlo?

   _____

3 Di che nazionalità è Stefano?

   _____

4 Di che nazionalità è Lucia?

   _____

5 Consuelo è spagnola?

   _____

6 Chi è spagnolo?

   _____

7 Di dov'è Annamaria, e di che nazionalità è?

   _____

8 Tim è americano di Nuova York?

   _____

Punto per punto

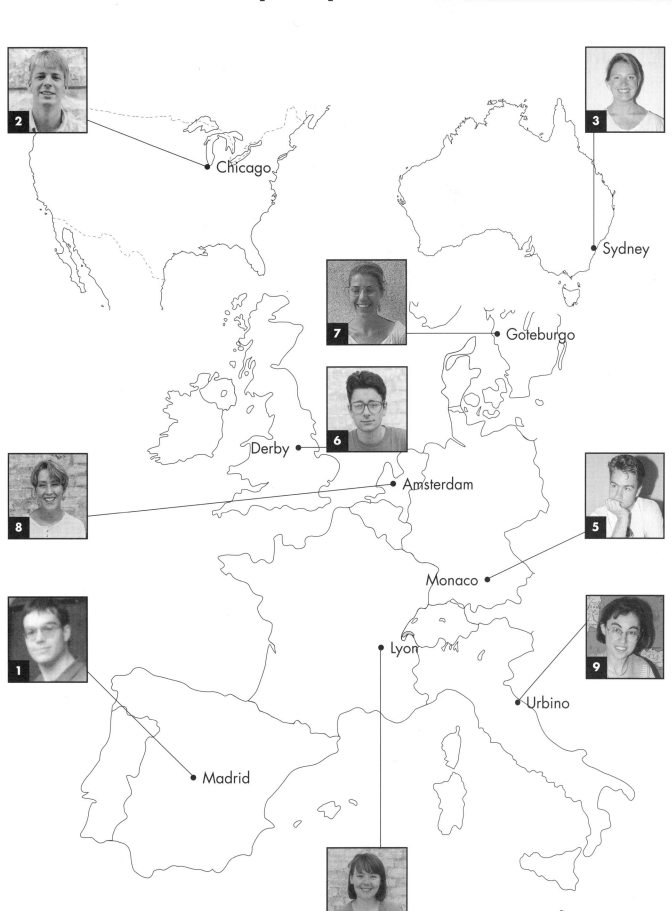

Chicago

Sydney

Goteburgo

Derby

Amsterdam

Monaco

Lyon

Urbino

Madrid

M Ti presento...

Down at the Bar Centrale, you've just been introduced to a group of people. Jot down two things about each person that will help you remember their name.

1 *Aldo è il ragazzo alto e bruno.*

2 _____

3 _____

4 _____

5 _____

6 _____

7 _____

8 _____

N Due a due

Now write one or two things that the following people have in common.

1 Luisa e Domenico...
   sono bassi e contenti.

2 Dora e Aldo...

3 Aldo e Adele...

4 Michele e Maria...

5 Maria e Dora...

6 Franco e Luisa...

7 Domenico e Dora...

8 Franco e Adele...

Punto per punto

O Tu come ti chiami?

While waiting outside the school, Alba says hello to Annamaria.
Complete the rest of their conversation.

Annamaria: *Ciao! Come ti chiami?*

Alba: Mi chiamo Alba. E tu?

Annamaria: _____

Alba: Bene, grazie.

Annamaria: _____

Alba: Sono di Urbania.

Annamaria: _____

Alba: No, non sono una studentessa qui. E tu?

Annamaria: _____

Alba: Allora, benvenuta a Urbania.

Annamaria: _____

P Lei come si chiama?

Alba then introduces Annamaria to il signor Valeri. Annamaria needs to
be more formal when speaking to him.

Annamaria: *Piacere. Scusi, come si chiama Lei?*

Signor Valeri: Io sono Fabrizio Valeri.

Annamaria: _____

Signor Valeri: Così così. E Lei?

Annamaria: _____

Signor Valeri: Sono di Urbania.

Annamaria: _____

Signor Valeri: No, non sono un professore. Lei è una studentessa?

Annamaria: _____

Signor Valeri: Benvenuta a Urbania, allora.

Annamaria: _____

Q Le presento...

Write the following sentences in the appropriate speech bubbles.

Professore, Le presento Diana.	Allora, benvenuta ad Urbania.
Sì. Sono nel livello sette.	Buongiorno, Armando. Come sta?
Piacere, Diana.	Lei è una studentessa qui?
Grazie.	Molto lieta, professore.
Buongiorno, professor Trulli.	Anch'io sto molto bene.
Sto molto bene, grazie. E Lei?	

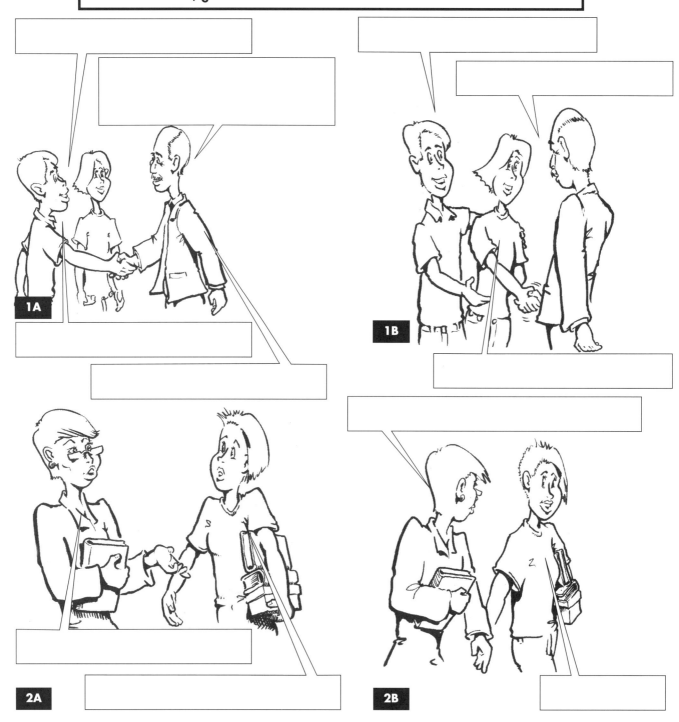

Punto per punto

R Molte domande

As people got to know one another on their first day, many questions were asked and answered. Connect the questions and answers by putting the number of the question in the box next to the relevant answer.

1 Come ti chiami?

2 In che classe sei?

3 Di dove sei?

4 E lui, come si chiama?

5 Permesso?

6 Scusi, Lei è inglese?

7 Il professore è basso?

8 Voi siete olandesi, vero?

9 Dov'è il livello sei?

10 Come stai, oggi?

☐ Sto bene, cioè molto bene.

☐ Questo è Paolo.

☐ Io sono Caterina.

☐ Sono italiana...di Roma.

☐ No, sono svedese.

☐ Ecco, ci siamo.

☐ No, siamo svedesi.

☐ Purtroppo sono nel livello nove.

☐ Avanti! S'accomodi!

☐ No, è alto.

Che cos'è questa storia?

A Finalmente! Ci siamo.

Answer the following questions in Italian. Unless you have a photographic memory, you'll need to refer to page 1 of your *Textbook*.

1 Come si chiama questo signore?

4 Come si chiama il bambino, e come sta?

2 Come sta il professor Conti?

3 Il professor Conti è biondo?

5 Come si chiama la città?

B Vero o falso?

Look at the photo-story on pages 1 to 3 of the *Textbook* and decide whether the following statements are true (**vero**) or false (**falso**).

1	Finalmente, Lucia arriva a Urbino.	vero	falso
2	La signora Pasotto non è una professoressa.	vero	falso
3	La signora Pasotto è bionda.	vero	falso
4	Lucia è alta e bionda.	vero	falso
5	Nel livello cinque, il professore è Consuelo Bucchi.	vero	falso
6	Lucia è australiana e Annamaria è olandese.	vero	falso
7	La professoressa Bucchi è bassa e bruna.	vero	falso
8	La professoressa Bucchi è contenta.	vero	falso
9	Annamaria è molto gentile…	vero	falso
10	…e Lucia è molto contenta.	vero	falso

C Domande

Answer the following questions about the photo-story on pages 1 to 3 of the *Textbook* in complete sentences.

1 Come si chiama la scuola?

_____

2 Come si chiama la ragazza australiana?

_____

3 È una studentessa?

_____

4 Annamaria è una professoressa?

_____

5 Di dov'è Annamaria?

_____

6 In che classe sono Lucia e Annamaria?

_____

7 Chi è Consuelo Bucchi?

_____

8 La professoressa è alta e bruna?

_____

9 Consuelo è un nome maschile o femminile?

_____

Tocca a voi!

A Ciao! Come stai?

Write a dialogue for each of the following situations. In each case, make the conversation as long as you like. You can include greetings, questions about how they're going and where they're from, welcoming, and anything else that seems relevant.

1 Antonio and Filippo are great friends. They meet each other at work in the morning.

_____

_____

_____

2 This evening, Tim Lovely is checking into a hotel. He introduces himself.

_____

_____

_____

_____

_____

3 Lucia's friend Maria introduces her to Ezio.

_____

_____

_____

_____

4 Don Salvatore is the parish priest in Urbania. He introduces himself to you and welcomes you.

_____

_____

_____

_____

_____

_____

Tocca a voi!

B Questi ragazzi sono studenti

Roberto Ferri, who works at the Centro Studi, is organising a one-day study tour of Bologna. He has not met any of the students he'll be taking, so he needs as much information as you can provide about each one. Refer to the **tesserini** on pages 6 to 7 of the *Textbook* for the students' enrolment details.

1 Questa ragazza si chiama Lucia Burns. È una ragazza australiana. È di Sydney. È alta e bionda. È nel livello cinque con la professoressa Bucchi.

2

3

4

5

Tocca a voi!

C Il tesserino

Fill in your own student card, then write as much as you can about yourself.

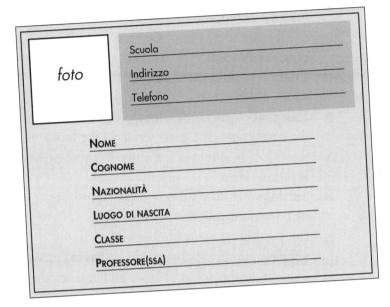

_____

_____

_____

_____

_____

_____

_____

_____

_____

D Ti presento...

Now fill in a student card for a friend, then write as much as you can about him/her.

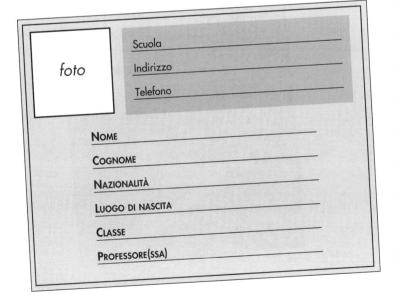

_____

_____

_____

_____

_____

_____

_____

_____

_____

Sapore d'Italia

With the help of the clues provided, write the names of the cities, mountains, mountain ranges, seas, lakes and rivers that appear in **bold** in their correct places on the map of Italy.

1   The **Po** is the longest river in Italy.
2   The *Po* passes through **Torino**, the home of FIAT cars, and just south of **Milano**, the industrial capital of Italy.
3   The *Po* then flows into the **Mare Adriatico** south of **Venezia**.
4   Italy shares the **Alpi** with, from west to east, *Francia*, *Svizzera*, *Austria* and *Slovenia*.
5   Italy also shares **Lago Maggiore** with *Svizzera*.
6   West of *Lago Maggiore* is Italy's tallest mountain, **Monte Bianco**.
7   **Lago di Garda** is Italy's biggest lake.
8   **Lago di Como** is directly north of *Milano*.
9   The small fishing village of **Portofino** is a popular tourist destination on the coast south of *Torino*.
10 *Portofino* is on the **Mar Ligure**, on the Italian Riviera.
11 The **Appennini** are often called the backbone of Italy.
12 The **Arno** has its source in the *Appennini* and passes through **Firenze**.
13 **Urbino** is just a few hours east of Firenze.
14 The river **Tevere** passes through Italy's capital, **Roma**, then flows into the **Mar Tirreno**.

15 South of *Roma* on the west coast of Italy is the city of **Napoli**.
16 The beautiful island of **Capri** is just off the coast of *Napoli*.
17 On the north coast of **Sicilia**, the island south of Italy, is its capital, **Palermo**.
19 **Taormina** is a popular tourist destination on the east coast of *Sicilia*, on the **Mar Ionio**.
20 South of Taormina is Europe's biggest active volcano, **Etna**.
21 **Sardegna** is Italy's other large island and its capital, **Cagliari**, is in the south.
22 On the northern tip of *Sardegna*, on the spectacular *Costa Smeralda*, is **Porto Cervo**.
23 The sea to the south of both *Sicilia* and *Sardegna* is the **Mar Mediterraneo**.

Sapore d'Italia

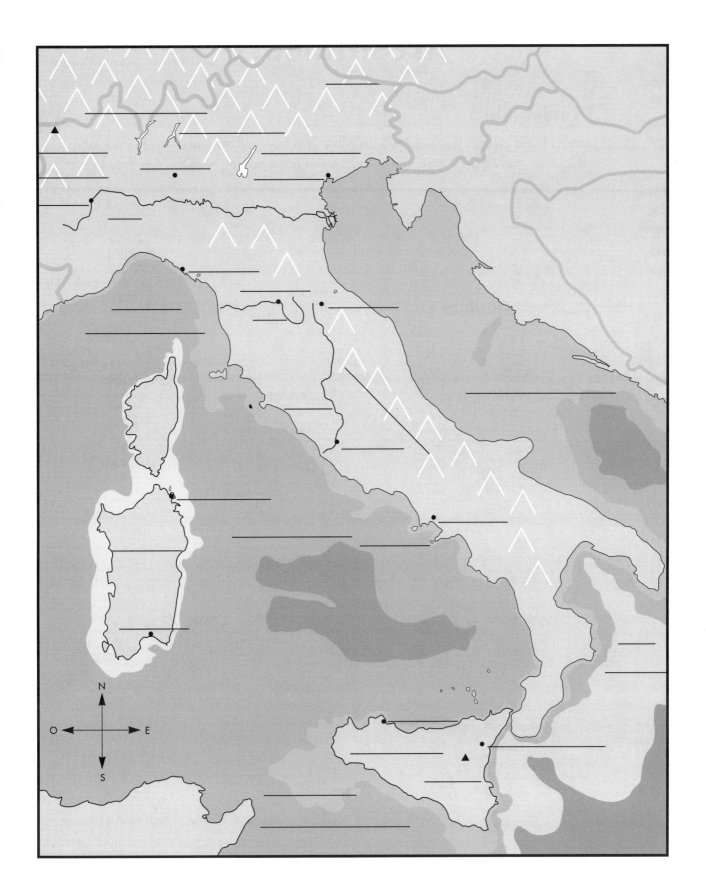

Ascoltiamo!

A I miei amici

Listen as these people tell us where they live and how old they are. Write their ages next to their names and draw a line to connect each person with the city they live in.

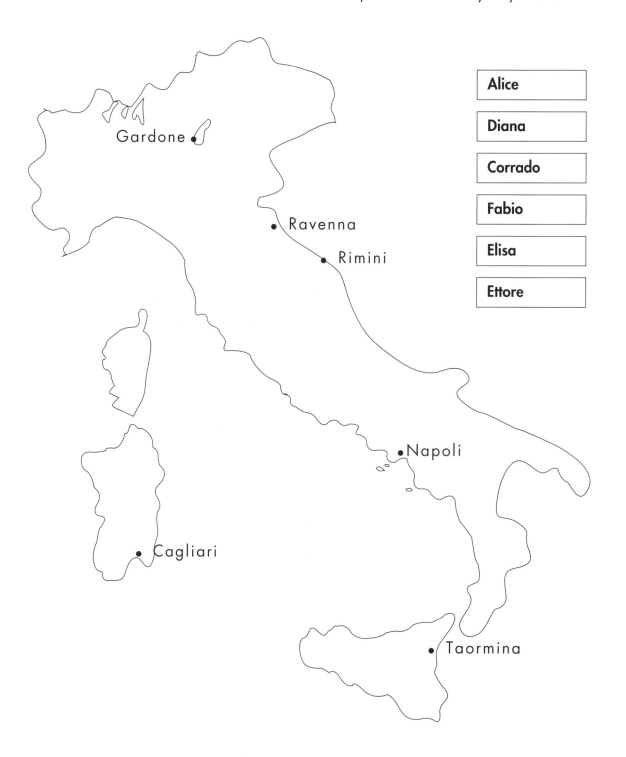

Gardone

Ravenna

Rimini

Napoli

Cagliari

Taormina

Alice

Diana

Corrado

Fabio

Elisa

Ettore

Capitolo due

Ascoltiamo!

B Come sono?

Listen as some of the more gossipy students at the Centro Studi talk about their fellow students. Circle the words they use to describe them.

1 sincera	simpatica	pigra	spiritosa	brava
2 tranquillo	spiritoso	noioso	pesante	antipatico
3 timida	pigra	sincera	occupata	simpatica
4 brava	divertente	pesante	paziente	carina
5 sincero	timido	antipatico	bravo	serio
6 simpatico	noioso	bravo	divertente	tranquillo
7 carino	divertente	pesante	noioso	occupato
8 simpatica	spiritosa	seria	pigra	antipatica

C Al Bar Centrale

At mid-morning, the Bar Centrale is popular with students and locals. As the waiter goes from table to table, make a note of the number of items ordered at each table.

Tavolo:	1	2	3	4	5	6	7	8
caffè espresso								
cappuccino								
tè								
camomilla								
pasta								
focaccia								
panino								
gelato								
birra								
acqua minerale								
Coca-Cola								
aranciata								

⬛ Ascoltiamo!

D Che cosa ti piace?

What do these people like doing? Write the appropriate numbers in the boxes below.

E Mi presento

Read through the statements below, then listen as one of the students in Urbania tells us about himself. Circle **vero** if the statement is true, or **falso** if it is false.

1	Mi chiamo Giuseppe Hoffmann.	**vero**	**falso**
2	Ho 18 anni.	**vero**	**falso**
3	Sono tedesco, di Francoforte.	**vero**	**falso**
4	Parlo tre lingue: il tedesco, il francese e l'italiano.	**vero**	**falso**
5	Mi piace l'Italia ma non mi piace l'italiano.	**vero**	**falso**
6	Non mi piace studiare.	**vero**	**falso**
7	Scherzo sempre con il professore.	**vero**	**falso**
8	Anche il professore scherza sempre.	**vero**	**falso**

Gioco di parole

A Che cosa fai?

What does Carlo most hate doing? Write the infinitive of the verb suggested by each illustration and the answer will appear in the shaded boxes.

B A scuola

Annamaria has forgotten to bring something to school. Find the names of seven of the eight objects in her bag, then circle and label the missing item.

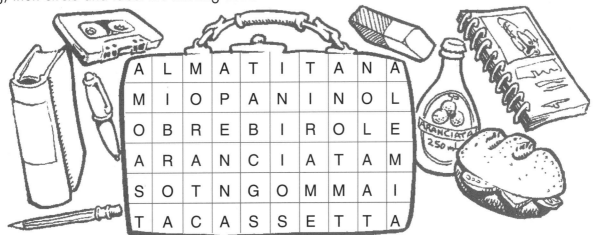

Gioco di parole

C Parole piccole

Draw lines to connect the Italian words with their English meanings.

a	anche	con	qui	ma	e	se	che	così
also	to	but	and	with	here	so	if	which

D Al bar

What is the customer ordering? Label each item and complete the question that the waiter is asking. Then transfer the shaded letters into the boxes in the customer's speech bubble. The name given to a type of coffee will appear.

1. ☐ ☐ ▨ ☐ ☐ ☐ ☐ **E**

4. ☐ ☐ ☐ ☐ ☐ ☐ ☐ ▨ ☐ ☐ ☐

5. ☐ ▨ ☐
cosa prende?

Un
☐ ☐ ☐ ☐ ☐ ☐ ☐ ☐ ☐
1 2 3 4 5 6 7 8 9
per favore.

6. ☐ ▨ ☐ ☐ ☐

7. ☐ ▨ **F** ☐ ☐

3. ☐ ☐ **L** ▨ ☐

2. ☐ ☐ ☐ ☐ ☐ ☐ ☐ ▨ ☐ ☐

8. ☐ ☐ ☐ ☐ ▨ ☐

9. ▨ ☐ ☐ **C** ☐ ☐

Punto per punto

A Avere

Complete this table of the verb **avere** by finding examples in the story on pages 16 to 19 of the *Textbook*.

avere		
io		
tu		
lui lei Lei		
noi	*abbiamo*	*musica*
voi		
loro	*hanno*	*italiano ogni mattina*

B Che cosa hai questa mattina?

What subjects do we have at school this morning? Write a sentence for each one.

1 Aldo	2 Maria	3 io	4 tu e Michele	5 tu	6 Dora

9 tu e Franco

7 Domenica e Adele   8 io e Luisa

1 *Questa mattina Aldo ha italiano.*

2 _____

3 _____

4 _____

5 _____

6 _____

7 _____

8 _____

9 _____

C Lavorare, mangiare e studiare!

Complete this table of verbs.

	lavorare	mangiare	studiare
io	*lavoro*		
tu		*mangi*	
lui lei Lei			*studia*
noi			*studiamo*
voi	*lavorate*		
loro		*mangiano*	

In what way do **mangiare** and **studiare** differ from most **-are** verbs?

_____

D Io lavoro, non scherzo

Complete these sentences using the correct form of the verb given in brackets.

1 Secondo me, noi _____ troppo. (lavorare)

2 Io sono un po' pigro. A casa non _____. (lavorare)

3 In questa scuola tutti gli studenti _____ troppo. (studiare)

4 Perché voi due _____ musica e ceramica? (studiare)

5 Stasera la signora Guidi _____ un piatto speciale. (cucinare)

6 Io _____ un minestrone. Va bene? (cucinare)

7 Voi _____ la cassetta. (ascoltare)

8 Annamaria e Lucia _____ la musica. (ascoltare)

9 Lucia, tu _____ con tutti ma non con Carlo. (scherzare)

10 Gli studenti _____ anche con la professoressa. (scherzare)

11 Noi _____ il Bar Centrale quando abbiamo un po' di tempo libero. (frequentare)

12 Questi studenti _____ il Centro Studi Italiani di Urbania. (frequentare)

13 Stasera io e Caterina _____ con la famiglia Guidi. (mangiare)

14 Lucia _____ un panino e Annamaria _____ una focaccia. (mangiare)

Punto per punto

E Mattino, pomeriggio o sera?

When do you most often do these activities? Write a sentence for each illustration putting it next to the time of day you would usually do the activity. Carlo has filled in a few of his own examples.

mattino

Mangio un gelato.

pomeriggio

Cucino un piatto speciale.

sera

Parlo con un amico.

F Lei è la signora Guidi, vero?

Carlo and Caterina recorded an interview with la signora Guidi, their host, for an assignment about the people they have met in Urbania. What questions did they ask her? They were being formal and using **Lei**. Remember that the **Lei** form requires the third person singular of the verb.

1 **Carlo e Caterina:** _Signora, Lei parla inglese?_

    Signora Guidi: Sì, parlo un po' d'inglese.

2 **Carlo e Caterina:** _____

    Signora Guidi: No, non lavoro troppo.

3 **Carlo e Caterina:** _____

    Signora Guidi: Io sono di Roma, ma adesso abito a Urbania.

4 **Carlo e Caterina:** _____

    Signora Guidi: Mamma mia! Ho molti anni. Troppi!

5 **Carlo e Caterina:** _____

    Signora Guidi: Stasera cucino un piatto speciale.

6 **Carlo e Caterina:** _____

    Signora Guidi: Oggi invito la signora Pellegrini, un'amica.

G Ma diamoci del tu!

La signora Guidi insists that when Carlo and Caterina do the transcript of the interview, they use the familiar **tu** form of address. Rewrite the questions above using the **tu** form.

1 _____

2 _____

3 _____

4 _____

5 _____

6 _____

Punto per punto

H Lo studente, l'amica e la lezione

English has only one definite article - the. Italian has a few – **il**, **lo**, **l'**, **la** etc. Using the correct definite article, label each illustration in the singular form. Then label each in the plural form.

1 _____

2 _____

3 _____

4 _____

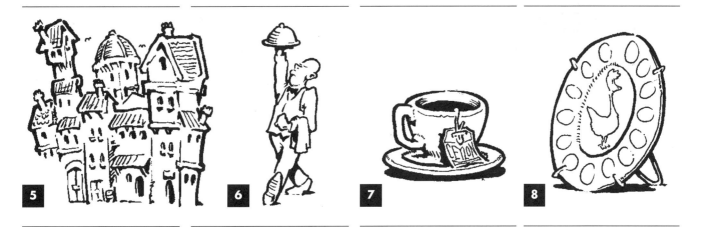

5 _____

6 _____

7 _____

8 _____

Now complete this chart of all the definite articles.

	singular	plural
masculine	*il*	
feminine		

I Una cosa

The English indefinite articles – a, an – have four Italian equivalents – **un**, **uno**, **un'**, **una**. Write the correct indefinite article in front of each of these words.

1 ____mattina 2 ___weekend 3 ____ amico 5 ____amica 6 ____padre 7 ___studente

8 ____città 9 ____estate 10 ____studio 11 ____sorriso 12 __canzone 13 __quaderno

J Che cosa prendi?

Write a sentence for each of the illustrations below saying what the person at the Bar Centrale is having.

Stefano

io

tu

Caterina

Carlo

tu

Lucia

1   *Stefano prende un caffè.*

2   _____

3   _____

4   _____

5   _____

6   _____

7   _____

K Dove abitano?

How would these people reply to questions about where they and their friends live? If you can't remember, check in your *Textbook*.

1   Lucia, dove abiti?   *Abito a Sydney, in Australia.*

2   Stefano, dove abiti?   _____

3   Caterina, dove abita Carlo?   _____

4   E tu, Caterina, dove abiti?   _____

5   Signor e signora Guidi, dove abitate?   _____

6   Annamaria, dove abitano Cecilia e Gianna?   _____

Punto per punto

L Ti piace o no?

You now know how to express your opinion in Italian. Write whether you like or dislike the following people, things and places that you've encountered in *Ci siamo*.

1 **Lucia**

Non mi piace Lucia.

2 **Carlo**

_____

3 **Urbania**

_____

4 **Centro Studi Italiani**

_____

5 **Annamaria**

_____

6 **la professoressa Bucchi**

_____

7 **Caterina**

_____

8 **la canzone *L'italiano***

_____

9 **il caffè italiano**

_____

10 **il gelato italiano**

_____

M Perché ti piace?

You can't get away with just saying whether you like them or not. Back up your opinion with one or two good reasons and don't be afraid to use words like **troppo**, **molto** and **sempre**.

1 *Secondo me, Lucia è troppo seria e pesante.*

2 *Secondo me, Carlo è*

3 _____

4 _____

5 _____

6 _____

7 _____

8 _____

9 _____

10 _____

N È molto buono qui

Back at the Bar Centrale, it's your turn to order for everyone. Order the food or drinks suggested by the illustrations and cheer the waiter up by telling him how good they are here.

1 *Vorrei quattro gelati, per favore. I gelati sono molto buoni qui.*

2 _____

3 _____

4 _____

5 _____

6 _____

7 _____

Punto per punto

◎ Che cosa c'è al bar?

At the end of each day the waiters have to do a stocktake. To make things easier, **Cameriere 2** checks the stock and calls out the figures to **Cameriere 1**, who has to make the order for the next day. Looking at the illustration, fill in the answers for **Cameriere 2** using complete sentences.

1   **Cameriere 1:** Quanti panini ci sono?

    Cameriere 2: *C'e' un panino.*

2   **Cameriere 1:** Quanti dolci ci sono?

    Cameriere 2: _____

3   **Cameriere 1:** Quante focacce ci sono?

    Cameriere 2: _____

4   **Cameriere 1:** Quante birre ci sono?

    Cameriere 2: _____

5   **Cameriere 1:** Quante aranciate ci sono?

    Cameriere 2: _____

6   **Cameriere 1:** Quante Coca-Cole ci sono?

    Cameriere 2: _____

7   **Cameriere 1:** Quante acque minerali ci sono?

    Cameriere 2: _____

8   **Cameriere 1:** Quante limonate ci sono?

    Cameriere 2: _____

Once they have completed the check, **Cameriere 1** orders the drinks for the next day. He needs to have 20 bottles of each drink. Fill in the order form using complete sentences.

Ordine			
Acqua minerale	*Vorrei diciannove acque minerali.*		
Aranciata			
Birre			
Coca-Cola			
Limonata			

Punto per punto

P Espressioni e domande

What would you say in the following situations?
Choose from the expressions below.

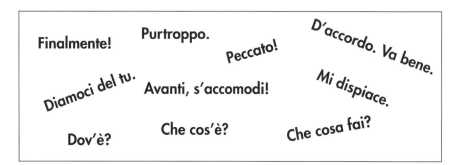

Finalmente! Purtroppo. Peccato! D'accordo. Va bene.

Diamoci del tu. Avanti, s'accomodi! Mi dispiace.

Dov'è? Che cos'è? Che cosa fai?

1 Someone knocks at your door.
_____

2 It's Caterina. She's on her way to the Bar Centrale and invites you to come along.
_____

3 You're getting to know her, but she's still being very formal.
_____

4 It's a hot day and a long walk to the bar. You're glad when you get there.
_____

5 Caterina has spotted Carlo but you can't see him.
_____

6 Carlo comes over. He says he's not feeling well.
_____

7 He unexpectedly starts rummaging through his bag.
_____

8 He pulls out a piece of paper.
_____

9 He shows you his test. He's disappointed that he didn't get full marks because of a silly mistake.
_____

10 He asks you if you have a lot of homework, too.
_____

Q Ecco i miei amici

For their assignment on the people they have met in Urbania, Carlo and Caterina must write a
paragraph on each of the people below, including the details given. Write the descriptions below.
If you're having trouble putting names to faces, refer to the illustration on page 5 of the *Textbook*.

nome	Maria	Franco	Domenico	Aldo	Adele	Michele	Dora	Luisa
età	18	17	19	18	19	15	16	17
città	Roma	Torino	Urbania	Perugia	Urbino	Gubbio	Urbania	Pesaro
lingua	spagnolo	inglese	tedesco	svedese	inglese	francese	inglese	tedesco

1 La ragazza bassa e bruna si chiama Maria.
Ha diciotto anni. È di Roma ma abita a Urbania.
Parla italiano e anche spagnolo.

2

3

4

5

6

7

8

A Domande

Answer the following questions about **Un sorriso carino** on pages 16 to 19 of the *Textbook* using complete sentences.

1 Quanti anni ha Carlo?

_____

2 Di che nazionalità è Carlo?

_____

3 Perché ha un nome italiano?

_____

_____

4 Dove studia Carlo?

_____

5 Che cosa studia Carlo a scuola?

_____

_____

6 Secondo Annamaria, Carlo è un ragazzo timido?

_____

_____

7 Che cosa studiano ogni mattina?

_____

8 Secondo Carlo, lavorano troppo?

_____

9 Dov'è il Bar Centrale?

_____

10 Secondo te, Carlo e Caterina sono amici?

_____

_____

B Vero o falso?

Read **Un sorriso carino** on pages 16 to 19 of the *Textbook* and decide whether these statements are true or false? Circle **vero** or **falso** after each one.

1 Carlo è in Inghilterra.	**vero**	**falso**
2 Carlo parla solo inglese.	**vero**	**falso**
3 Carlo studia a Firenze.	**vero**	**falso**
4 Urbania è una città tranquilla.	**vero**	**falso**
5 Carlo abita con Annamaria.	**vero**	**falso**
6 Secondo Carlo, lui studia troppo.	**vero**	**falso**

7 Secondo Carlo, Lucia è carina e seria.	**vero**	**falso**
8 La professoressa Bucchi insegna italiano e cucina.	**vero**	**falso**
9 Secondo Lucia, Consuelo è molto brava.	**vero**	**falso**
10 Caterina sta male oggi.	**vero**	**falso**

Tocca a voi!

A Carlo, siamo sinceri!

Caterina gave Carlo a hard time when they were at the Bar Centrale. Carlo, however, denied everything and made some accusations of his own. Write your version of what Carlo might have said.

Caterina: Carlo, tu non lavori troppo.

Carlo: _Non è vero. Io lavoro molto._

Caterina: Scherzi! Sei pigro.

Carlo: _____

Caterina: E, secondo me, non sei timido, sei pesante.

Carlo: _____

Caterina: E non è vero che Lucia è troppo seria. Lucia scherza sempre. È sempre contenta.

Carlo: _____

Caterina: Mi dispiace, Carlo, ma parli troppo e non ascolti.

Carlo: _____

Caterina: A casa non lavori. Guardi sempre la televisione.

Carlo: _____

Caterina: Io cucino sempre.

Carlo: _____

Caterina: E tu non hai molti compiti. Scherzi! Io e Cecilia abbiamo molti compiti.

Carlo: _____

Caterina: Tu e Annamaria non siete troppo occupati. Non studiate sempre.

Carlo: _____

Caterina: Tutti gli studenti studiano molto.

Carlo: _____

Caterina: Voi avete troppo tempo libero.

Carlo: _____

Caterina: Ma c'è una cosa, Carlo. Sei molto divertente…

Carlo: _Grazie, Caterina, e tu sei molto gentile._

■ Tocca a voi!

B Le domande della signora Maldini

While you're in Urbania, you'll be staying with the Maldini family. La signora Maldini sends out a questionnaire to each of her prospective boarders so that she knows a little about them before they arrive. Complete her questionnaire giving as much information as you can about yourself.

1 Come ti chiami?

_____

2 Quanti anni hai?

_____

3 Dove abiti?

_____

4 Parli bene l'italiano?

_____

5 Che altre lingue parli?

_____

6 Che cosa studi?

_____

7 Come sei...timido, intelligente, pigro...?

_____

8 Ti piace la cucina italiana?

_____

9 Che cosa ti piace e non ti piace mangiare?

_____

10 Che cosa ti piace e non ti piace fare?

_____

Buon viaggio e a presto!

Tocca a voi!

C Questa classe è veramente italiana!

How Italian have you and your class become? Interview three students asking them the following questions, then answer the questions yourself.

	no	ogni settimana (un po')	ogni giorno (molto)	nome
1 Parli italiano?	☐☐☐☐	☐☐☐☐	☐☐☐☐	_____
2 Studi le *parole nuove*?	☐☐☐☐	☐☐☐☐	☐☐☐☐	_____
3 Canti la canzone *L'italiano*?	☐☐☐☐	☐☐☐☐	☐☐☐☐	_____
4 Ascolti la musica italiana?	☐☐☐☐	☐☐☐☐	☐☐☐☐	_____
5 Mangi le tagliatelle?	☐☐☐☐	☐☐☐☐	☐☐☐☐	_____

Now you have completed the survey, compile a full written report. Your report will include observations like the following:

Due studenti, Roberto e Anna, non ascoltano la musica italiana. Maria ascolta un po'! Io ascolto molto la musica italiana, ogni giorno.

Sapore d'Italia

A Urbania – una piccola città italiana

Answer the following questions about Urbania in complete Italian sentences. Refer to the text and photos on pages 28 and 29 of the *Textbook*.

1 Dov'è Urbania?

_____

2 Perché si chiama Urbania?

_____

_____

3 Che cosa c'è nel Centro Storico?

_____

_____

4 Che cosa producono le fabbriche intorno a Urbania?

_____

_____

5 Gli edifici in Urbania sono antichi o moderni?

_____

6 Per che cosa è famosa Urbania?

_____

7 Dov'è il mercato di Urbania?

_____

8 Che cos'è il tartufo?

_____

_____

B Vero o falso?

Are the following statements about Urbania true or false? Read them, and circle **vero** or **falso** after each one.

1 Urbania was once called Urbino after Pope Urban VIII.	**vero**　**falso**	6 Urbania is a 'city of art'.	**vero**　**falso**
		7 Urbania is near Florence.	**vero**　**falso**
2 The countryside around Urbania is quite flat.	**vero**　**falso**	8 The textile factories near Urbania make garments for some famous Italian fashion designers.	**vero**　**falso**
3 Casteldurante is a small town near Urbania.	**vero**　**falso**		
4 The centre of the town is called the **centro storico**.	**vero**　**falso**	9 Both new and old buildings are scattered throughout the town.	**vero**　**falso**
5 The Palazzo Ducale is in the **centro storico**.	**vero**　**falso**		

Ascoltiamo!

A Dove sono?

Carlo and Caterina go to a number of places in town. Listen to the conversations to find out where Carlo and Caterina are or where they are about to go. Write the appropriate number next to each place pictured.

B Abbiamo troppi compiti

La professoressa Bucchi can sometimes be very demanding. As she sets the homework for the weekend, write down all the page numbers you hear.

1 _____ 2 _____ 3 _____ 4 _____ 5 _____

6 _____ 7 _____ 8 _____ 9 _____ 10 _____

■ Ascoltiamo!

C Che giorno è?

Listen as some of the students make arrangements to do things together. Under the appropriate illustration, write down on which day they do the activity.

D Che ore sono?

Fill in the times you hear on the clocks below, and circle AM if it's morning or PM if it's afternoon or evening.

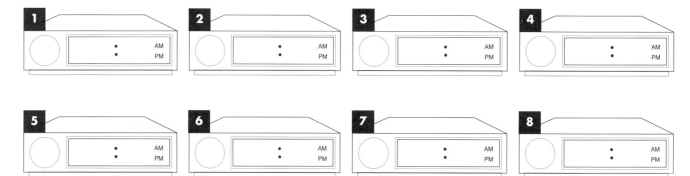

Ascoltiamo!

E Come si arriva a...?

Walking around with map in hand, Carlo is now feeling confident enough to give directions to others. Listen carefully as he tells people where various places are. If he says it's the first street, write the number 1; if it's the second, write the number 2, and so on. Then circle ← if it's on the left, or → if it's on the right. The first one has been done for you.

1 _____3_____   (←)   →   6 _____   ←   →

2 _____   ←   →   7 _____   ←   →

3 _____   ←   →   8 _____   ←   →

4 _____   ←   →   9 _____   ←   →

5 _____   ←   →   10 _____   ←   →

F Ma che cosa fanno?

What are these people talking about doing this afternoon? Listen to what they say, then write the appropriate numbers in the boxes below.

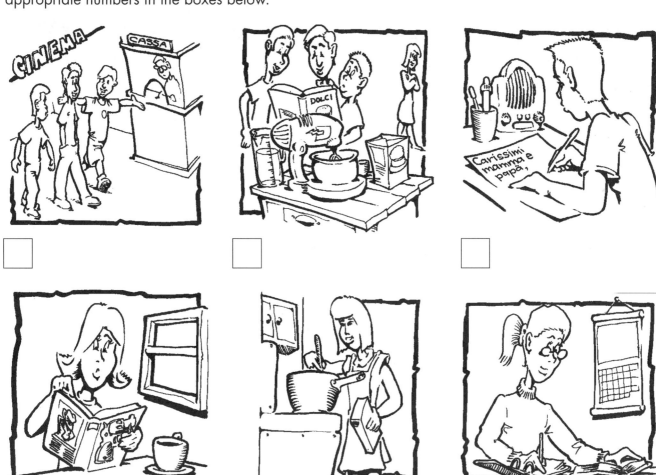

▪ Ascoltiamo!

G Viva la storia!

The students are in their history class with professor Di Matteo. Listen as he tells them a little about some famous Italians and write down when they were born (**nato/a**) and when they died (**morto/a**).

1 Michelangelo **BUONARROTI**	2 San Francesco **D'ASSISI**	3 Donato **BRAMANTE**
nato _____	nato _____	nato _____
morto _____	morto _____	morto _____

4 Maria **MONTESSORI**	5 Giuseppe **VERDI**	6 Giulio **CESARE**
nata _____	nato _____	nato _____
morta _____	morto _____	morto _____

7 Leonardo **DA VINCI**	8 Dante **ALIGHIERI**	9 Raffaello **SANZIO**
nato _____	nato _____	nato _____
morto _____	morto _____	morto _____

H Ti piace o no?

Carlo seems to have an opinion on most things. Listen as he tells us a little about his stay in Italy so far. Place a tick in the box under the appropriate column.

	piace/piacciono	non piace/non piacciono
1 i professori seri	☐	☐
2 le ragazze	☐	☐
3 i dolci	☐	☐
4 il caffè	☐	☐
5 giocare a bocce	☐	☐
6 studiare	☐	☐
7 le feste	☐	☐

Gioco di parole

A Tempo libero

Lucia is keeping a scrap book of her trip. Write where she obtained each of these items. Choose from the places given in the box.

all'ufficio postale
al bar   al ristorante
al cinema
al museo   in banca

1 _____

2 _____

3 _____

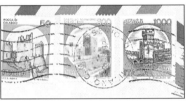

4 _____

5 _____

6 _____

B Numeri e orari

Write the number that comes next in the sequence.

1	quindici	venti	venticinque	_____
2	ventidue	trentatré	quarantaquattro	_____
3	cinquecento	mille	millecinquecento	_____
4	centoventidue	centoundici	cento	_____
5	quattro	ventotto	cinquantadue	_____
6	dodici	ventiquattro	quarantotto	_____
7	centomila	novantasettemila	novantaquattromila	_____

Now write the time that comes next in the sequence.

8	le tre e mezza	le cinque e mezza	le sette e mezza	_____
9	le sei	mezzogiorno	le diciotto	_____
10	le cinque	le cinque e un quarto	le cinque e mezza	_____
11	le otto meno venti	le otto	le otto e venti	_____
12	le quattordici e tre	le quattordici e trentatré	le quindici e tre	_____

Gioco di parole

C **In città**

4  **9**  **11**  **12**

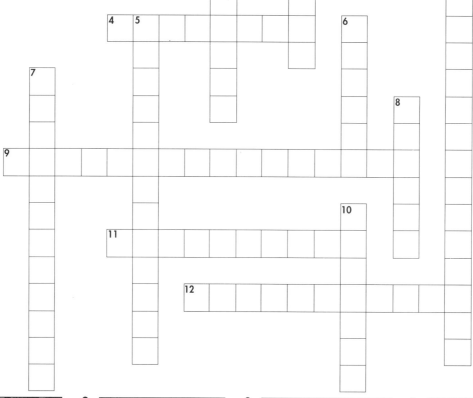

1  **2**  **3**  **5**

6  **7**  **8**  **10**

Gioco di parole

D La parola fuoriposto

Circle the odd word out.

1	fratello	papà	figlia	bambina	mamma
2	primo	quattro	terzo	secondo	quarto
3	martedì	giovedì	sabato	mercoledì	venerdì
4	banca	bar	pasticceria	supermercato	pizzeria
5	simpatico	sincero	noioso	carino	gentile
6	forse	oggi	quando	domani	mezzogiorno
7	sinistra	lontano	destra	vicino	città
8	film	concerto	mostra	cinema	commedia

Punto per punto

A Parli troppo

Donatella never stops talking. How would her patient but weary mother respond to her questions and statements? Choose from the expressions below.

> Non mi piace affatto!   Va bene.   Che brava!   Uffa!   Poveretta!
>
> Peccato!   Parli troppo.   Ottima idea!   Ci vediamo, allora.

1 Mamma, anch'io ho troppi compiti.

_____

2 Io non vengo a casa.

_____

3 Mamma, invitiamo i ragazzi alla festa?

_____

4 Oggi vado al mercato e faccio la spesa io.

_____

5 Mamma, i ragazzi sono occupati.
Non vengono alla festa.

_____

6 Oggi ho tanti compiti e poi cucino e poi
lavoro e poi…

_____

7 Mamma, ti piace lavorare sempre sempre?

_____

8 Andiamo al mercato adesso?

_____

9 Un gelato! Mamma vorrei un gelato.
Mamma, per favore!

_____

Punto per punto

B Mi piace e vorrei andare

Donatella is an active little thing! She's constantly telling her mother what she wants to do and what she likes doing. Complete what she's saying by filling in the missing verb.

Remember that after **vorrei** and **mi piace**, the infinitive of the verb is used.

1 Mi piace _scrivere_ una lettera.

2 Vorrei _____ un film.

3 Vorrei _____ un libro.

4 Mi piace _____ al mercato.

5 Vorrei _____ una torta.

6 Mi piace _____ i compiti.

7 Vorrei _____ un gelato.

8 Mi piace _____ a scuola.

9 Mi piace _____ una festa.

10 Vorrei _____ vent'anni.

C Se non ritorni, scrivi!

Complete this table of verbs.

	ritornare	scrivere
io	ritorno	
tu		scrivi
lui		
lei		
Lei		
noi		
voi		
loro		

D Studiate, ragazzi!

As well as in statements, the **voi** form of the verb can be used in commands. Write down three examples from the story.

1 _Prendete la strada per Urbino._

2 _____

3 _____

4 _____

Punto per punto

E Che cosa fanno?

Below each illustration, write what these people are doing.

1 Maria e Carlo *giocano a bocce*.

5 Aldo e Vaida _____

2 Enza _____

6 Elena _____

3 Mario e Giacomo _____

7 Emanuele _____

4 Mia _____

8 Roberto e Lisa _____

Punto per punto

F Che cosa faccio? Vado e vengo.

Complete the tables of these irregular verbs by finding examples in the story in the *Textbook* on pages 34 to 37. There is no need to write whole sentences.

andare		
io	*vado*	*a scuola*
tu		
lui lei Lei		
noi		
voi	*andate*	*al cinema*
loro	*vanno*	*alla festa*

venire		
io	*vengo*	*dal supermercato*
tu		
lui lei Lei		
noi		
voi		
loro		

fare		
io		
tu		
lui lei Lei	*fa*	*una torta*
noi		
voi		
loro	*fanno*	*una festa*

Punto per punto

G Io scrivo un articolo

Write the correct definite article in front of each word, then write the plural.

1 *il* giorno   *i giorni*   11 ____giornale _____

2 ____scuola _____ 12 ____dolce _____

3 ____classe _____ 13 ____weekend _____

4 ____studente _____ 14 ____cliente _____

5 ____concerto _____ 15 ____spesa _____

6 ____ufficio _____ 16 ____esercizio _____

7 ____macchina _____ 17 ____bar _____

8 ____idea _____ 18 ____amico _____

9 ____sport _____ 19 ____amica _____

10 ____museo _____ 20 ____articolo _____

H Il compito

For his essay **Una settimana a Urbania,** Carlo has started jotting down ideas on his computer. He's left out all the articulated prepositions because he's still unsure about which ones to use. Fill them in for him.

- Ogni mattino *alle* _____ sette e mezzo, vado _____ bar

  a prendere un cappuccino. • Completo i compiti e studio.

- Arrivo _____ Centro Studi _____ otto e venti.

- Abbiamo italiano _____ otto e mezza _____ una.

- Ritorno _____ scuola e preparo da mangiare.

- Poi Caterina viene _____ ufficio postale con le lettere.

- Quando non mangiamo a casa andiamo _____

  generi alimentari a prendere un panino.

- Io non vado _____ ristorante. • Non mi piacciono.

  (Uffa! Solo settantuno parole!!!)

Punto per punto

1 C'è chi va...

Where is everyone going? Write sentences connecting the people and places.

1 io

5 voi

2 Cecilia

6 tu

3 noi

7 io e Tim

4 Carlo e Caterina

8 tu e Annamaria

1 _Io vado all'ufficio informazioni._

2 _____

3 _____

4 _____

5 _____

6 _____

7 _____

8 _____

Punto per punto

J ...e c'è chi viene

Where are these people coming from? Write sentences connecting the people and places.

1 noi

5 tu e Giovanni

2 il signor Valeri

6 io e Cecilia

3 i signori Pasotto

7 la professoressa Bucchi

4 tu

8 io

1 *Noi veniamo dal mercato.*

2 _____

3 _____

4 _____

5 _____

6 _____

7 _____

8 _____

Punto per punto

K È troppo, cioè molto, cioè tanto

Complete these sentences using the correct form of **molto**, **tanto** or **troppo**.

molto

1 Lei ha una figlia _____ simpatica.

2 _____ studenti vanno al cinema.

3 Ogni anno _____ persone vanno in Italia.

tanto

1 Ci sono _____ ragazze in questa scuola.

2 Donatella non scrive _____ .

3 Abbiamo _____ compiti questo weekend.

troppo

1 Ci sono _____ ristoranti in questa via.

2 Secondo me, lavoriamo _____ in questa scuola.

3 Secondo me, Tim mangia _____ paste.

L Non è solo uno...sono tanti

Change the following sentences into the plural.

1 Mi piace il ragazzo alto.
   Mi piacciono i ragazzi alti.

2 Io leggo e scrivo molto.
   _____

3 Questo film è molto interessante.
   _____

4 Lo studente lavora troppo qui.
   _____

5 Questo esercizio è noioso.
   _____

6 Lui ha il quaderno e la penna.
   _____

7 Peccato! Il professore non parla molto in inglese.
   _____

8 La pasticceria di questa città è molto buona.
   _____

Punto per punto

M Il puzzle

Write nine sentences using a word or a phrase from each piece of the jigsaw to make a sentence.
Make sure you use each word and phrase at least once.

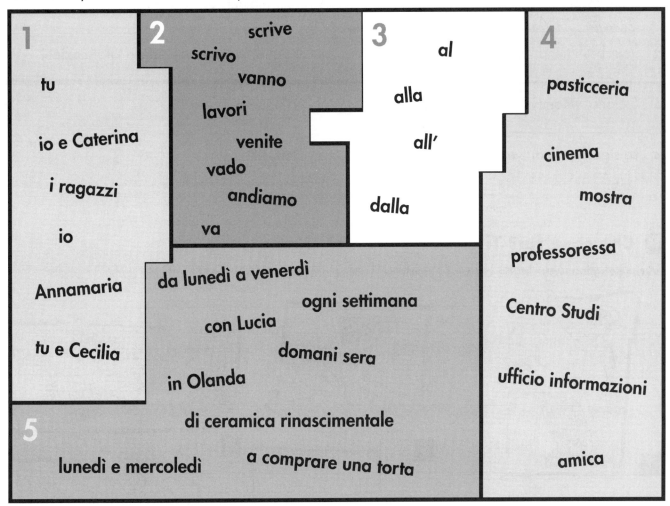

1
tu

io e Caterina

i ragazzi

io

Annamaria

tu e Cecilia

2
scrive

scrivo

vanno

lavori

venite

vado

andiamo

va

da lunedì a venerdì

ogni settimana

con Lucia

domani sera

in Olanda

di ceramica rinascimentale

3
al

alla

all'

dalla

4
pasticceria

cinema

mostra

professoressa

Centro Studi

ufficio informazioni

amica

5
lunedì e mercoledì

a comprare una torta

1 _Tu lavori al cinema da lunedì a venerdì._

2 _____

3 _____

4 _____

5 _____

6 _____

7 _____

8 _____

9 _____

10 _____

◎ Scriviamo una lettera

How would you begin and end a letter to each of the following people?

1 Il professor Pasotto.

   Egregio professor Pasotto; distinti saluti

2 Your best friend, Lucia.

   _____

3 Stefano, whom you know reasonably well.

   _____

4 La signora Guidi, your host in Urbania.

   _____

5 Your mother.

   _____

6 Il signor Valeri at the **ufficio informazioni**.

   _____

7 La signora Pasotto.

   _____

8 Donatella.

   _____

P Che cosa fai? Ti piace?

Write whether you do the activities depicted below and how much you like them.

1 *Sì, faccio la spesa, ma non mi piace affatto.*

2 _____

3 _____

4 _____

5 _____

6 _____

Che cos'è questa storia?

A Domande

Read the photo-story on pages 34 to 37 of the *Textbook* and answer the following questions in complete sentences.

1 A che ora termina la lezione?

_____

2 Come si chiama la bambina?

_____

3 Quanti anni ha?

_____

4 Dove fa i compiti Donatella?

_____

5 Donatella è grande?

_____

6 Che cosa fa a scuola Giovanni?

_____

7 Dove vanno Giovanni e Donatella quando vengono a casa da scuola?

_____

8 Secondo Lucia, che tipo di ragazzo è Giovanni?

_____

9 Che cosa prepara la signora Pasotto?

_____

10 Che macchina hanno i ragazzi?

_____

11 Dove va la strada sulla sinistra?

_____

12 Quanti chilometri ci sono da Urbania a casa Pasotto?

_____

13 A che ora è la festa?

_____

B Vero o falso?

Read the photo-story on pages 34 to 37 of the *Textbook* and decide whether the following statements are true or false. Circle **vero** or **falso** next to each.

1	I ragazzi hanno il weekend libero.	**vero**	**falso**
2	Anche la bambina va a scuola.	**vero**	**falso**
3	Giovanni e Donatella vanno a scuola insieme.	**vero**	**falso**
4	Domani c'è una festa per il compleanno di Giovanni.	**vero**	**falso**
5	Donatella, quando torna dal mercato, gioca con Giovanni.	**vero**	**falso**
6	La famiglia Pasotto abita a Urbino.	**vero**	**falso**
7	La festa è domani sera.	**vero**	**falso**

C Mi piacciono questi ragazzi

Based on what you have learned about Lucia, Carlo and Donatella so far, what do you think they would say about the following? Choose from the statements in the box.

Mi piace/piacciono un po'

Mi piace/piacciono molto

Non mi piace/piacciono affatto

1 **la scuola**

Lucia: *Mi piace molto.*

Carlo: _____

2 **i compiti**

Carlo: _____

Donatella: _____

3 **Carlo**

Donatella: _____

Lucia: _____

4 **fare la spesa**

Donatella: _____

Carlo: _____

5 **i ragazzi alti**

Lucia: _____

Carlo: _____

6 **le feste**

Donatella: _____

Carlo: _____

Tocca a voi!

A Vieni a Urbania!

Surfing the net, you've come across someone wanting to visit one of the smaller towns of Italy. Since you're now quite familiar with Urbania, give him as much information as you can.

Sono un ragazzo giapponese. Mi chiamo Takashi Fujimura. Abito a Osaka. Vorrei andare in Italia per una settimana, ma non mi piacciono le grandi città. Vorrei andare in una simpatica, piccola città. Se potete aiutare, rispondete a queste domande.

1 Come si chiama questa città e dov'è?

_____

_____

2 C'è una scuola di italiano per stranieri? Se c'è, vorrei avere anche il nome e l'indirizzo.

_____

3 Com'è questa scuola? Ci sono molte lezioni? Si studia solo italiano?

_____

_____

4 Com'è questa città? Che cosa c'è di bello o interessante?

_____

_____

_____

_____

5 Tu dove abiti?

_____

6 Che cosa ti piace di questa città?

_____

7 Che cosa non ti piace di questa città?

_____

8 Che cosa fate quando avete tempo libero? Ci sono tante manifestazioni?

_____

_____

Grazie amici. Se scrivete, siete molto gentili.
Takashi Fujimura
Giappone

B Che cosa c'è di bello?

Your response has aroused Takashi's interest. He now wants to know in more detail what events are on during his one-week stay. You've obtained a programme from the **ufficio informazioni** and can tell him exactly what he wants to know.

Grazie per le informazioni – molto interessanti! Vorrei venire per una settimana dal cinque all'undici di agosto. Sono contento che ci sono molte manifestazioni.

1 Mi piacciono molto i concerti. Che cosa c'è? A che ora?

_____

_____

_____

2 Le mostre sono interessanti? Dove sono?

_____

_____

_____

3 C'è anche qualche commedia? Che cosa e quando?

_____

_____

_____

4 Che cos'altro c'è?

_____

_____

_____

5 Dopo un concerto o una commedia, dove vai e che cosa fai?

_____

_____

Molte grazie dal tuo amico giapponese!

Teatro Bramante

programma
Manifestazioni
5 – 11 agosto

i vetri di
ARCHIMEDE SEGUSO

Palazzo Ducale

LUNEDÌ   Teatro Bramante
Commedia L'agenzia generosa
Ore 20.00

MARTEDÌ   Teatro Comunale
Concerto Musica rinascimentale
Ore 19.00

MERCOLEDÌ   Palazzo Ducale
Mostra Le macchine di Formula Uno
dalle 14.00 alle 19.30

GIOVEDÌ   Museo Civico
Mostra La scuola di Raffaello
dalle 15.00 alle 22.00

VENERDÌ   Teatro Bramante
Commedia Uffa! Sei troppo pesante.
Ore 20.00

SABATO   Teatro Comunale
Concerto Edoardo Bennato
Ore 20.30

DOMENICA   Piazza San Cristoforo
Festa La cucina tradizionale
Tutto il giorno

agosto

L'AVVENTURA PIÙ GRANDE
È TROVARE IL TUO POSTO NEL CERCHIO DELLA VITA

WALT DISNEY PICTURES
presenta

RE LEONE

C Un'amica di penna

The ELI Italian magazine *Ragazzi* encourages people from around the world to find pen friends. They select letters sent to them, such as the one from Serena Chiodo below, for inclusion in their magazine.

Like Serena Chiodo, you too have decided to find a pen friend by writing to the *Ragazzi* magazine. Write a letter introducing yourself. Say as much as you can about yourself: where you live, what you do, what you like and don't like.

Serena

CERCO UN AMICO DI PENNA

Ciao! Mi chiamo Serena Chiodo, ho diciassette anni e abito a Siracusa in Sicilia. Abito in via Garibaldi 38. Siracusa è una bella città. È molto antica. Abbiamo anche un amfiteatro greco.

Io vado ancora a scuola. Frequento il Liceo Linguistico Marconi – quarto anno. Studio tre lingue: francese, spagnolo e inglese. Parlo francese e spagnolo abbastanza bene, ma il mio inglese *is not very good*.

Purtroppo, sono un po' pigra!

Che tipo sono? Non sono alta, ma non sono neanche bassa. Sono bruna e abbastanza carina. Sono un tipo spiritoso, mi piace scherzare. Secondo mamma e papà scherzo troppo, ma non mi piacciono le persone serie o pesanti.

Ho tanti amici e mi piace molto passare il mio tempo libero con loro. Ogni domenica, verso le tre o le quattro, c'incontriamo in piazza e andiamo al cinema o se c'è un concerto andiamo anche a teatro. La musica heavy metal mi piace tanto ma anche la musica classica mi piace un po'.

E poi...sono molto sportiva. Gioco a tennis e a calcio. Il calcio mi piace tantissimo. Gioco in una squadra locale per ragazze. Siamo abbastanza brave, siamo seconde in classifica. Mi piace anche guardare il calcio alla televisione. Tifo per il Milan, ma quest'anno, purtroppo, non va molto bene.

È vero che ho molti amici, ma sono tutti italiani. Vorrei avere anche tanti amici spagnoli, inglesi, americani, tedeschi, australiani... vorrei avere amici in tutto il mondo!

Allora...scrivetemi!

Ciao ciao! A presto

As well as sending in a letter, the reader has to fill out a form which the magazine publishers then enter in their database. Complete the form below for inclusion on the pen friend database.

Chi sei?

Nome _____

Cognome _____

Età _____

Scuola _____

Quante lingue parli e scrivi? _____

Dove abiti? _____

_____

È bello dove abiti? Che cosa c'è? _____

_____

Che tipo sei? _____

_____

Che cosa ti piace? _____

_____

Che cosa non ti piace? _____

_____

Tocca a voi!

D Cara Serena

You and Serena Chiodo have really hit it off. You've become great pen friends. She's extremely interested in the city in which you live and has asked for some detailed information.

Draw a simple street map of your town indicating some of the shops, schools, banks, churches etc., as well as places of interest. Feel free to draw arrows and jot down notes about the places, as shown in the example below.

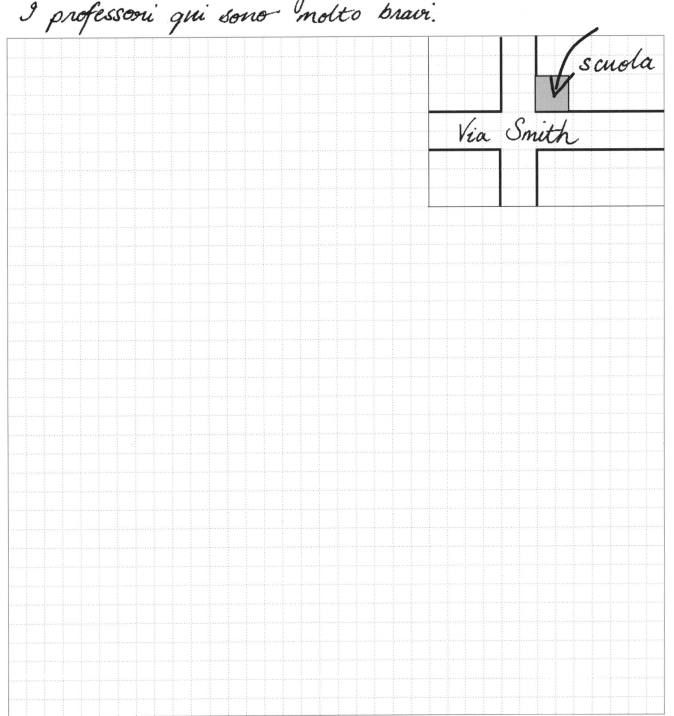

Questa scuola è molto grande. Ci sono mille studenti.
I professori qui sono molto bravi.

scuola

Via Smith

A La lettera di Lucia

Read Lucia's letter on pages 47 to 48 of your *Textbook*, then answer the following questions in English.

To whom is Lucia writing? _____

Where is Lucia living? _____

What has Lucia decided to write about? _____

What is **la passeggiata** and what does Lucia say about it? _____

_____

What does Lucia say about the following? _____

- ancient monuments _____

- the Arena in Verona _____

- pop music _____

_____

_____

_____

- cinema, television and films _____

_____

_____

_____

- sport _____

_____

_____

- soccer _____

_____

_____

_____

- her friends _____

_____

_____

_____

What two things is Lucia sending with her letter? _____

Sapore d'Italia

B Viva il Calcio!

Answer the questions based on the information from the newspaper extract below. A map of Italy may help with some answers.

I RISULTATI

BARI–ROMA	2–2
CREMONESE–PADOVA	3–0
FIORENTINA–TORINO	6–3
GENOA–FOGGIA	3–0
INTER–CAGLIARI	1–2
JUVENTUS–PARMA	4–0
LAZIO–SAMPDORIA	1–0
NAPOLI–MILAN	1–0
REGGIANA–BRESCIA	2–0

TOTOCALCIO

1	BARI–ROMA	X
2	CREMONESE–PADOVA	1
3	FIORENTINA–TORINO	1
4	GENOA–FOGGIA	1
5	INTER–CAGLIARI	2
6	JUVENTUS–PARMA	1
7	LAZIO–SAMPDORIA	1
8	REGGIANA–BRESCIA	8
9	CHIEVO-COSENZA	1
10	F. ANDRIA-ACIREALE	X
11	LECCE-COMO	1
12	MODENA-RAVENNA	X
13	AVELLINO-GUALDO	X

MONTEPREMI:
Lire 20.007.120.998
Ai 1.270«tredici» lire 7.876.000
Ai 29.935 «dodici» lire 332.700

LA CLASSIFICA

		PARTITE			
SQUADRE	Punti	G	V	N	P
JUVENTUS	70	32	22	4	6
PARMA	60	32	17	9	6
MILAN	57	32	16	9	7
LAZIO	57	32	17	6	9
ROMA	53	32	14	11	7
CAGLIARI	49	32	13	10	9
INTER	48	32	13	9	10
FIORENTINA	47	32	12	11	9
SAMPDORIA	46	32	12	10	10
NAPOLI	45	32	11	12	9
TORINO	42	32	11	9	12
BARI	41	32	11	8	13
PADOVA	39	32	12	3	17
CREMONESE	38	32	10	8	14
GENOA	36	32	9	9	14
FOGGIA	33	32	8	9	15
REGGIANA	17	32	4	5	23
BRESCIA	12	32	2	6	24

I MARCATORI

25 RETI: Batistuta (Fior., 8 rig.).

18 RETI: Balbo (Roma, 4 rig.), Rizzitelli (Torino, 2 rig.), Zola (Parma, 5 rig.).

16 RETI: Signori (Lazio, 3 rig.), Simone (Milan, 1 rig.), Tovalieri (Bari, 1 rig.), Valli (Juventus, 1 rig.).

14 RETI: Ravanelli (Juventus, 2 rig.).

12 RETI: Casiraghi (Lazio, 1 rig.), Muzzi (Cagliari, 1 rig.), Gullit (Milan e Samp).

11 RETI: Chiesa (Cremonese, 3 rig.), Skuhravy (Genoa, 3 rig.).

9 RETI: Boksic (Lazio), Rui Costa (Fiorentina), Savicevic (Milan).

1 Which team won by the biggest margin? _____

2 Name 6 teams that have *exactly* the same Italian name as the city in which they are based?

_____

3 Which team is based in Firenze? _____

4 Which team is based on an island? _____

5 How many games has each team played? _____

6 Over 1000 people correctly tipped the results of the 13 games. How much did each person win?

_____

7 Who has scored the most goals for the season?_____

8 How many goals has he scored? _____

Capitolo quattro

Ascoltiamo!

A Che cosa prendete?

What do they choose? As the host offers food and drink to his guests, take note of the number at the start of each dialogue and write it under the items chosen.

B Ti piace?

Listen to each person talk about the different things they like. Circle the one they like best.

1	banane	pere	mele	fragole	uva
2	banane	pere	mele	fragole	uva
3	studiare	dormire	giocare	lavorare	mangiare
4	studiare	dormire	giocare	lavorare	mangiare
5	tennis	golf	ciclismo	bocce	calcio
6	tennis	golf	ciclismo	bocce	calcio

Ascoltiamo!

C Di chi sono?

Who do these things belong to? Some items were left in the classroom yesterday.
As **la professoressa** finds out who they belong to, draw a line to connect the object to its owner.

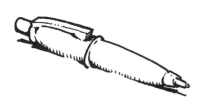

Gianna

Carlo

Caterina

la professoressa

Stefano

Lucia

D Alla festa di Giovanni

Everyone loves a party. What are all the party-goers doing or planning to do? Listen to the following
comments and match them with the illustrations by writing the appropriate numbers in the boxes below.

▋ Ascoltiamo!

E Feste, sempre feste

These people are all having a birthday or a name day in the next few months.
As they say when it is, write their name in the appropriate box on your calendar. Then, next to their name, write C (**compleanno**) if it's their birthday or O (**onomastico**) if it's their name day.

Anita Bianca Davide Elena Lorenzo Vittorio Salvatore	
Cristina Gaetano Patrizia	

GIUGNO		LUGLIO		AGOSTO	
1	M	1	V	1	L
2	G	2	S	2	M
3	V	3	D	3	M
4	S	4	L	4	G
5	D	5	M	5	V
6	L	6	M	6	S
7	M	7	G	7	D
8	M	8	V	8	L
9	G	9	S	9	M
10	V	10	D	10	M
11	S	11	L	11	G
12	D	12	M	12	V
13	L	13	M	13	S
14	M	14	G	14	D
15	M	15	V	15	L
16	G	16	S	16	M
17	V	17	D	17	M
18	S	18	L	18	G
19	D	19	M	19	V
20	L	20	M	20	S
21	M	21	G	21	D
22	M	22	V	22	L
23	G	23	S	23	M
24	V	24	D	24	M
25	S	25	L	25	G
26	D	26	M	26	V
27	L	27	M	27	S
28	M	28	G	28	D
29	M	29	V	29	L
30	G	30	S	30	M
		31	D	31	M

Ascoltiamo!

F Son belle, son buone, son dolci com il miele...

Listen to the people working on this stall at the market as they try to sell their fruit and vegetables. As you hear the price called out, write it on the tag of the appropriate item.

Gioco di parole

A La parola fuoriposto

Circle the odd word out.

1	cioccolatino	torta	pasta	panino	gelato
2	Pasqua	la Befana	Natale	Capo d'anno	Epifania
3	nonna	cognato	fratello	padre	figlia
4	ascoltare	parlare	leggere	scrivere	finire
5	marzo	maggio	luglio	gennaio	novembre
6	acqua minerale	caffè	birra	Coca-Cola	cappuccino
7	banana	fragole	mele	pere	uva
8	pomodori	mele	fragole	lattuga	peperoni

B Al mercato

Label the fruit and vegetables using all of the words given in the box below. Then write in the speech bubbles what you think the two people are saying to each other.

le arance   i funghi   le patate   le melanzane   l'uva   le zucchine

le cipolle   le fragole   i limoni   le mele   le pere   i pomodori

Gioco di parole

C La famiglia

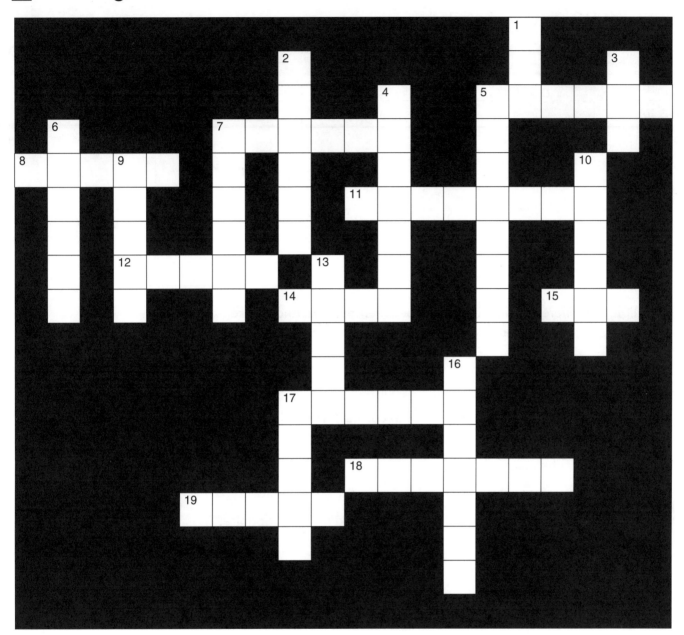

Orizzontali

5 la sorella di mio figlio

7 il figlio di mio zio

8 il padre di mia madre

11 mamma e papà

12 i genitori dei miei genitori

14 la sorella di mia madre

15 la sorella di mia madre

17 il padre dei miei figli

18 la sorella del marito

19 il marito di mia madre

Verticali

1 i fratelli di mio padre

2 la sorella di mio cugino

3 il fratello di mia madre

4 la sorella di mio fratello

5 il fratello di mia sorella

6 la madre di mio figlio

7 i figli di mia zia

9 la moglie di mio nonno

10 il fratello di mia figlia

13 la moglie di papà

16 il fratello di mia madre è

   il _____ di mio padre

17 la moglie di mio padre

Punto per punto

A Tutti i verbi regolari

Complete this table of regular verbs.

	portare	mettere	dormire	capire
io	porto			
tu		metti		
lui lei Lei			dorme	
noi				capiamo
voi	portate			
loro		mettono		

Highlight the differences in the endings between **dormire** and **capire**.
In a different coloured pen, highlight the differences in the endings between **dormire** and **mettere**.

B Ecco altri verbi

Complete the following sentences using the correct form of the verb.

preferire

1 Caterina, tu che cosa _____, aranciata o limonata?

2 Mi dispiace, ma noi _____ andare a teatro.

3 Purtroppo non mi piace lavorare, _____ dormire.

mettere

4 Bravi ragazzi, _____ i regali qui.

5 Donatella e Francesca _____ la torta sul tavolo.

6 Signora Pasotto, dove _____ questi cioccolatini?

aprire

7 Prima mangiamo un pezzo di torta, poi _____ i regali.

8 Francesca, _____ la porta. I ragazzi sono qui.

9 Giovanni, tu e Donatella _____ i regali insieme.

finire

10 Quando i ragazzi _____ i compiti, vanno al cinema.

11 Che cosa fate, quando _____ di pulire la casa.

12 Uffa! Perché la festa _____ a mezzanotte?

Punto per punto

bere

13 Annamaria non _____ Coca-Cola perché è troppo dolce.

14 Secondo me, tu e Carlo _____ troppo caffè.

15 Il professor Pasotto _____ sempre un po' di vino con la cena.

partire

16 Caterina e Lucia _____ per Napoli domani.

17 Peccato! Non possiamo venire alla festa. _____ stasera.

18 Scusi, Lei a che ora _____?

capire

19 Sono veramente bravi questi studenti. _____ anche lo svedese.

20 Mi dispiace Caterina, ma tu non _____.

21 Donatella è piccola, ma _____ tutto.

festeggiare

22 I Pasotto _____ sempre i loro compleanni.

23 In Australia noi non _____ gli onomastici. Peccato.

24 Anche voi _____ il Carnevale?

C Sei troppo possessivo!

Complete this table of possessives.

Singular		Plural	
Masculine	Feminine	Masculine	Feminine
io *il mio*			
tu			*le tue*
lui			
noi		*i nostri*	
voi			
loro			

From the story on pages 53 to 55 of the *Textbook*, find two other references to family members where the article is not used.

con l'articolo
i miei amici
le mie sorelle

senza l'articolo
mia moglie
_____

_____

What simple rule can you make from these examples?

_____

D Non è tuo, è mio!

Poveretta! Donatella is feeling a little left out. She's telling Francesca that everything that belongs to Giovanni is really hers. Francesca, however, sets her straight. The item they are talking about is illustrated.

1 Donatella: _Questi sono i miei cioccolatini._
Francesca: _Non sono tuoi, sono suoi._

2 Donatella: _____
_____
Francesca: _____
_____

3 Donatella: _____
_____
Francesca: _____
_____

4 Donatella: _____
_____
Francesca: _____
_____

5 Donatella: _____
_____
Francesca: _____
_____

6 Donatella: _____
_____
Francesca: _____
_____

7 Donatella: _____
_____
Francesca: _____
_____

8 Donatella: _____
_____
Francesca: _____
_____

E Ti presento la mia famiglia

When Annamaria first arrived at the Pasotto's, she didn't know most of the family. Alba introduced them to her by name and then explained the relationship. Look at the photo and complete what she said.

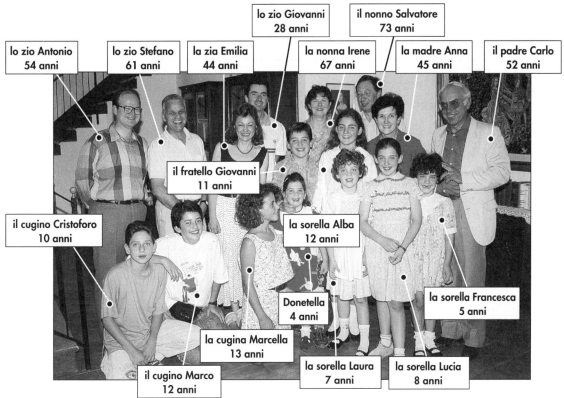

lo zio Giovanni 28 anni

il nonno Salvatore 73 anni

lo zio Antonio 54 anni

lo zio Stefano 61 anni

la zia Emilia 44 anni

la nonna Irene 67 anni

la madre Anna 45 anni

il padre Carlo 52 anni

il fratello Giovanni 11 anni

il cugino Cristoforo 10 anni

la sorella Alba 12 anni

Donetella 4 anni

la sorella Francesca 5 anni

la cugina Marcella 13 anni

il cugino Marco 12 anni

la sorella Laura 7 anni

la sorella Lucia 8 anni

1 Allora, ti presento Marco e Cristoforo, *i miei cugini.* _____

2 E questa è Emilia, _____

3 Ecco Salvatore, _____

4 Adesso ti presento Laura, Lucia e Francesca, _____

5 Ti presento anche Antonio e Stefano, _____

6 E questa è Marcella, _____

Donatella and Francesca were watching and thought this was great fun, so they dragged Carlo around to meet the family.

7 Allora, questa è Irene, *nostra nonna.* _____

8 Ti presentiamo Lucia e Laura, _____

9 Adesso ti presentiamo Anna e Carlo, _____

10 Questo è Giovanni, _____. Oggi è il suo compleanno.

11 Ecco Marcella, _____

12 E finalmente ci siamo, questi sono Antonio e Stefano, _____

F Ecco la famiglia Pasotto!

Now that you know each member of Donatella's family, answer these questions about their relationships to Donatella.

1 Chi è Emilia?

È la zia di Donatella.

2 Chi è Alba?

3 Chi sono Antonio e Stefano?

4 Chi sono i due Giovanni?

5 Quante sorelle ha Donatella?

6 Quanti cugini ha?

7 Come si chiama il marito di Anna?

8 Il padre e lo zio Giovanni sono fratelli?

9 Chi sono Anna e Francesca?

10 Come si chiama la moglie di Salvatore?

11 Quanti anni ha lo zio Giovanni?

12 Quanti anni ha la nonna Irene?

13 Quanti anni ha lo zio Stefano?

14 Quanti anni ha lo zio Antonio?

Punto per punto

G Queste foto sono interessantissime!

You're putting the latest photos from your trip into your album. Write a caption next to each one using an adjective from the box below. You had such a superlative time that you just have to use **-issimo** to describe everything. Don't forget that this ending changes!

vecchio	intelligente	divertente	simpatico	generoso
irresistibile	grande	dolce	contento	bello

Donatella _____
è intelligentissima.

Le paste _____
_____

Gli zii _____
_____

Casa Pasotto _____
_____

Sesi_____
_____

I palazzi rinascimentali _____
_____

Venezia _____
_____

Le feste_____
_____

Carlo e Donatella_____
_____

Il professore_____
_____

H Santa e Santo sono santi

Write the correct form of **Santo** in front of the following names.

1 _____ Giovanni

2 _____ Stefano

3 _____ Alba

4 _____ Sebastiano

5 _____ Lucia

6 _____ Giuseppe

7 _____ Irene

8 _____ Francesco

9 _____ Margherita

10 _____ Antonio

11 _____ Pietro

12 _____ Caterina

I Questo è per me e questo è per te

Donatella and Francesca have decided to share everything on the table…between themselves. Fill in what you think Donatella might be saying.

1 *Questo cioccolatino è per me e questo è per…*

2 _____

3 _____

4 _____

5 _____

6 _____

Punto per punto

J Mi piacciono le feste

For each festival named below, write a sentence giving the date it occurs.

| il Natale | 25/12 |

| il capo d'anno | 1/1 |

| l'Epifania | 6/1 |

| la Pasqua | 31/3 |

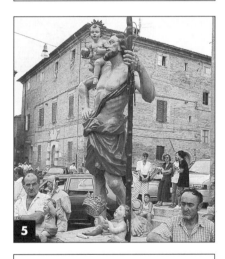

| la festa di tutti i santi | 1/11 |

| il Carnevale | 15/2 |

1 *Il Natale è il venticinque dicembre.*

2 _____

3 _____

4 _____

5 _____

6 _____

Quando è il tuo compleanno?

_____

K Quante feste!

The posters below are advertising coming events. From the information on the posters, answer the questions that follow in complete sentences.

1 Come si chiama la commedia di Niccolò Machiavelli?

_____

2 Qual è la data e l'ora della commedia?

_____

3 In che città è la mostra del Botero?

_____

4 Quando è?

_____

5 Quando è il concerto di Gino Paoli?

_____

6 Dov'è? In che posto e in quale città?

_____

7 Qual è la data del Rave Party?

_____

8 Qual è la data e l'ora della Serata a Corte?

_____

9 Dov'è? In che posto e in quale città?

_____

Punto per punto

L Espressioni a tavola

Which of these expressions would you use in the following situations?

> Finalmente, ci siamo!   Che cosa c'è da mangiare?   Che cosa ci posso fare?
>
> Non c'è di che.   Venite a tavola.   Accomodatevi.
>
> Grazie, altrettanto.   Quanto viene?   Buon appetito!   Un altro po'.

1   Dinner is served but everyone is still in the loungeroom.

_____

2   You show your dinner guests to their seats.

_____

3   After a lengthy wait, the **antipasto** hits the table.

_____

4   You're just about to begin your meal.

_____

5   Your dinner guests wish you **buon appetito**.

_____

6   Everyone loves your dessert. They tell you you're a real chef.

_____

7   You joke that it could be an expensive meal.

_____

8   You offer more of your popular dessert.

_____

9   Your guests thank you for the wonderful meal.

_____

10   After your guests have left, you're still hungry.

_____

Punto per punto

M Test. Che tipo sei?

Complete this personality profile by circling your preferred response to each question.

TEST

A Che giorno preferisci?
  1 il sabato 2 la domenica 3 il lunedì

B Che cosa preferisci fare?
  1 scherzare 2 ascoltare la radio
  3 studiare

C Dove preferisci andare?
  1 al bar 2 a teatro 3 in chiesa

D Che cosa preferisci festeggiare?
  1 il Carnevale 2 il Natale
  3 la Pasqua

E Chi preferisci visitare?
  1 i cugini 2 gli zii 3 i nonni

F Dove preferisci abitare in Italia?
  1 a Capri 2 a Roma 3 a Firenze

G Che cosa preferisci cantare?
  1 una canzone inglese
  2 *Un'estate italiana* 3 *L'italiano*

H Dove preferisci mangiare?
  1 al bar 2 al ristorante 3 a casa

I Che cosa preferisci mangiare a cena?
  1 un gelato 2 una pizza
  3 un piatto speciale

J Che frutta preferisci?
  1 le fragole 2 l'uva 3 le mele

K Che verdura preferisci?
  1 i peperoni 2 le zucchine 3 le patate

L Che cosa ti piace bere?
  1 un cappuccino 2 un'aranciata
  3 un succo d'arancia

Now work out your score by adding up the numbers next to the items you have circled.
To find out what the test has revealed about your personality, refer to the box below.

Che tipo sei?

Da 28 a 36
Sei un tipo intelligente, generoso, serio e molto caro. Ma...attenzione, sei quasi troppo perfetto. Qualche volta sei anche noioso e un po' pesante.

Da 22 a 27
Sei un tipo irresistibile. Sei bravo, tranquillo e sincero. Secondo i tuoi amici, sei dolce e molto simpatico. Ti piace il tempo libero, ma anche il lavoro è importante per te.

Da 12 a 21
Sei un tipo simpatico, divertente, spiritoso e interessante. Ti piacciono molto gli amici e il tempo libero. Qualche volta sei anche un po', pigro e troppo sfacciato.

Punto per punto

N Giovanni e Alba

Look at the illustrations of Alba's and Giovanni's rooms, which tell you quite a lot about them.
Write at least seven sentences comparing what Alba and Giovanni have and what they do.

Giovanni beve molta aranciata, ma Alba preferisce l'acqua minerale.

_____

_____

_____

_____

_____

_____

_____

_____

_____

_____

_____

_____

A Domande

Read the story on pages 53 to 55 of your *Textbook* and answer the following questions.

1 A che ora arrivano i ragazzi?

_____

2 Come arrivano i ragazzi?

_____

3 Dove abita la famiglia Pasotto?

_____

4 Come si chiama la loro casa?

_____

5 Qual è la squadra preferita di Giovanni?

_____

6 Perché Annamaria non beve Coca-Cola?

_____

7 Che cosa beve Annamaria?

_____

8 Secondo Tim, sono buone le torte italiane?

_____

9 Chi prende un altro pezzo di torta?

_____

10 Carlo è il fratello di Donatella?

_____

Tocca a voi!

A La mia famiglia

Fill in and complete your family tree below, by writing the relationship of the person to you under their name.   e.g.   *Carol*
mia zia

You may want to give the Italian versions of your relatives' christian names (e.g. Carol would become **Carolina**).

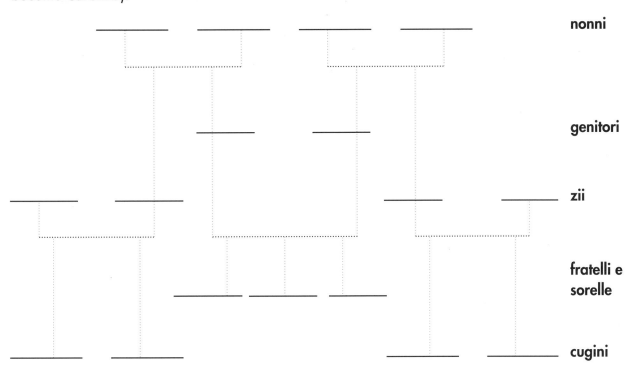

nonni

genitori

zii

fratelli e
sorelle

cugini

Write a description of three people in your family. Include information such as:

- their name and relationship to you
- their age and birthday
- what they are like
- some of the things they do.

B Vieni alla mia festa

You're organising a special birthday party with chocolate as the theme! Fill in this invitation to your best friend.

Ciocofesta

Invito personale per _____

Giorno e mese _____

Alle ore _____

Dove? _____

INVITO

Now write a letter accompanying the invitation to encourage your friend to come. He/she doesn't often go to parties and you want to make sure it sounds like it's not to be missed. In your letter include the following:

- who's coming, including a celebrity guest
- a description of some of the interesting people
- the food and drink on offer
- some of the things you'll be doing
- anything else you think might convince him/her.

_____

_____

_____

_____

_____

_____

_____

_____

_____

_____

_____

Tocca a voi!

C Facciamo la spesa

It's the end of term and, in a moment of folly, you've invited your whole class home to dinner. You're already preparing the main course, but you've decided to start with a **minestrone** (mixed vegetable soup) and end with a **macedonia di frutta** (fruit salad).

Luckily your Italian friend is coming to help and has offered to go to the market in the **piazza** for you. Prepare a shopping list for the **minestrone** and **macedonia di frutta**. Work out the ingredients that you want to include and the quantities you'll need to feed the multitudes.

minestrone

mezzo chilo di cipolle

macedonia di frutta

due chili di mele

A Mi piacciono le feste

Read **Mi piacciono le feste** on page 59 of the *Textbook*, then circle the correct answer in the statements below. Write the letters in front of the correct answers in the spaces below to find the name of the place in Italy which turns its main square into a giant chess board and plays a chess game, with people in traditional costume as the chess pieces.

1 Per il suo compleanno, Giovanni invita
   M amici e parenti.
   N solo gli amici di scuola.
   P solo parenti.

2 Per l'onomastico di Giovanni, i Pasotto
   O fanno una grande festa.
   A fanno una piccola festa.
   E vanno a casa di zio Giovanni.

3 Chi porta i regali a Giovanni e Donatella?
   S Babbo Natale.
   T Gesù Bambino.
   R La Befana.

4 La Befana è
   O una vecchia donna.
   U la moglie di Babbo Natale.
   I uno dei Re Magi.

5 Ai bambini bravi, la Befana porta
   S regali.
   G carbone.
   C giochi.

6 Le sagre
   L sono feste religiose.
   B hanno un'origine storica.
   T festeggiano vari generi alimentari.

7 Chi sono i santi patroni d'Italia?
   O San Francesco e Santa Siena.
   E Santa Caterina e San Giovanni.
   I San Francesco e Santa Caterina.

8 Ogni anno, per Carnevale
   N la famiglia Pasotto va in chiesa.
   C la famiglia Pasotto va a Venezia.
   D vengono gli zii da Venezia.

9 La festa di tutta la famiglia è
   A il Natale.
   E il Carnevale.
   O il compleanno.

$\overline{}$ $\overline{}$ $\overline{}$ $\overline{}$ $\overline{}$ $\overline{}$ $\overline{}$ $\overline{}$ $\overline{}$
  1   2   3   4   5   6   7   8   9

Sapore d'Italia

B La mia famiglia italiana

Read **La mia famiglia italiana** on page 65 of the *Textbook*, then answer the following questions in English.

1 Why does Lucia say that the Pierini family have adopted her?

_____

2 What are Enzo's and Grazia's occupations?

_____

3 Why is most of the family on holiday?

_____

4 When do many Italians go on holiday?

_____

5 What happens in Urbania between one o'clock and four o'clock?

_____

6 What is the most important meal of the day for most Italians?

_____

7 What does the Pierini family do after lunch?

_____

8 What is a popular evening activity of many Italians?

_____

9 Compare your lifestyle with that of the Pierini family and list the differences.

_____

_____

_____

_____

10 In your opinion, what are the advantages and disadvantages of the two lifestyles?

_____

_____

_____

_____

_____

Ascoltiamo!

A Previsioni del tempo

Listen to the weather forecast then write each city's minimum and maximum temperatures for the day.

Now listen for a second time and write the city names next to the appropriate symbols.

Ascoltiamo!

B Sono d'accordo

Listen to Carlo ask his friends to do something with him, then put the correct number in the first box next to the appropriate illustration. In the second box place a tick if they agree or a cross if they don't.

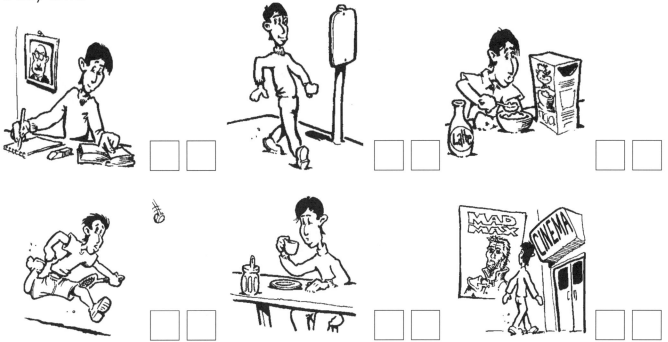

C Il videoregistratore

Before they set off on holiday, these people want to set their video recorder to record their favourite programmes. (Luckily they have a video recorder on which they can record as many programmes as they like!) As they go through the TV guide, circle the initial of the day that each programme is on and write in the time it starts, using the 24-hour clock.

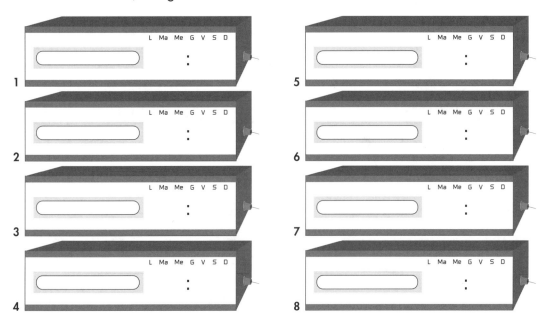

D Che cosa fai?

As Stefano tells his friend a little about his daily routine, write the correct time under the appropriate picture. Listen carefully because the pictures are not in order.

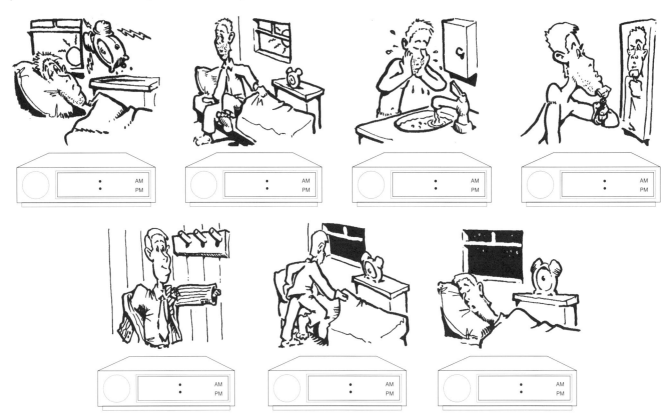

E Generi alimentari

The **generi alimentari** is having some specials this week. Listen carefully as the owners discuss the prices, then write the prices they decide on, on the appropriate price tags.

F Che confusione!

This house guest is trying to help his friend to tidy up her kitchen, but is not sure where everything goes. As she tells him where to put things, draw a line to connect the object and where it goes.

Gioco di parole

A Per Marco è riflessivo

Solve this puzzle by writing the infinitive of the reflexive verb (ending in **-si**) suggested by each illustration. When the puzzle is completed you'll find out, in the shaded column, what type of lasagne Marco insists on having.

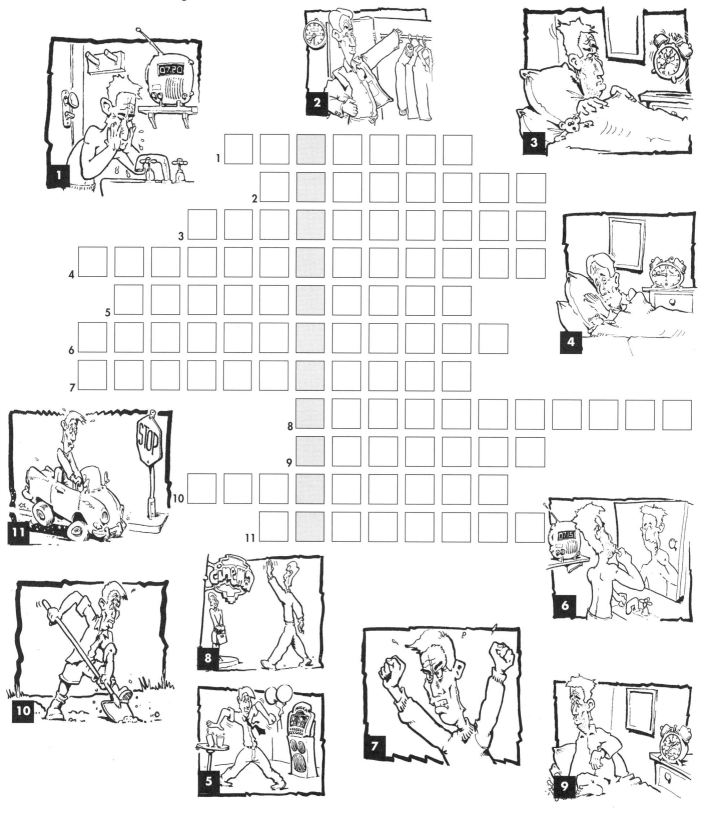

Gioco di parole

B Che tempo!

Match the symbol with the description of the weather. Then, beside each desciption give your opinion of the weather. Write either **fa bel tempo** or **fa brutto tempo**.

c'è nebbia   c'è vento

nevica   è sereno   è nuvoloso   piove

C A tavola

Match the words in the squares with the words in the circles.

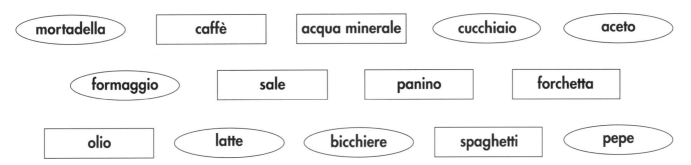

mortadella   caffè   acqua minerale   cucchiaio   aceto

formaggio   sale   panino   forchetta

olio   latte   bicchiere   spaghetti   pepe

Gioco di parole

D L'ecologia

Orizzontali

1 first
5 it's snowing
8 only, alone
10 the definite article before **spazio**
11 bin, container
12 yes
14 neither
15 a synthetic material
18 but
20 pollution
22 same as **ventinove verticale**
24 on the (masculine plural)
26 yours truly
27 noise

28 you love!
30 the preposition used to form **nel**
31 my (masculine singular)
32 paper
33 one hundred grams (plural)
34 my (masculine plural)
35 if

Verticali

2 recycling
3 less
4 with
5 night
6 green
7 at the

8 listen!
9 them (masculine)
13 glass
16 air
17 expansive view
18 but
19 environment
21 nature
22 a thousand
23 under
24 if
25 it's raining
29 comes after **io** in reflexive verbs
32 comes after **noi** in reflexive verbs

Punto per punto

A Dove sono questi verbi?

Complete this table of reflexive verbs by finding examples from the story on pages 69 to 72 of the *Textbook*. Indicate in brackets after each example whether it's an -**are**, -**ere**, or -**ire** verb.

io	
tu	
lui lei Lei	
noi	
voi	*vi ricordate (−are)*
loro	

B Sei molto riflessivo oggi!

Choosing from of reflexive verbs given in the box, complete each sentence using the correct form of the verb you have chosen.

stancarsi	aprirsi	fermarsi	incontrarsi	ricordarsi	
divertirsi	addormentarsi	farsi	arrabbiarsi	alzarsi	

1 Roberto, sei troppo serio. _____ troppo facilmente.

2 Ragazzi, a che ora _____ la mattina?

3 Quando lavoro troppo, _____, purtroppo.

4 Carlo e Annamaria cantano e scherzano. _____ un mondo.

5 Giovanni non _____ la barba. È troppo giovane.

6 Io e Lucia _____ davanti al bar stasera alle otto.

7 Come _____ questa bottiglia? Non abbiamo l'apriscatole.

8 Oggi è il mio compleanno! Non _____?

9 Ragazzi, sono stanco. _____ per un momento.

10 Roberto dice che bisogna _____ ogni sera prima delle dieci.

Punto per punto

C Verbi irregolari

Complete this table of irregular verbs.

	volere	dire	fare	andare	bere
io	*voglio*				
tu		*dici*			
lui lei Lei			*fa*		
noi				*andiamo*	
voi					*bevete*
loro					

D Verbi, sempre verbi!

Complete these sentences using the correct forms of the verbs and expressions **highlighted**.

volere

1 Donatella _____ un'aranciata e anche un gelato.

2 Roberto, _____ venire alla festa? Ci divertiamo un mondo.

3 Io e Carlo _____ fare una passeggiata in centro.

dire

4 Voi _____ quello che volete, ma io non mi muovo.

5 Tim, hai fame? Ma che cosa _____ ?

6 Roberto _____ che io prendo tutto alla leggera.

avere fame/avere sete/avere bisogno di

7 Mamma, _____ fame. Voglio un gelato.

8 Compriamo dell'acqua minerale. I ragazzi _____ sete.

9 Non ce la faccio più! _____ aiuto!

fare una passeggiata/fare caldo/fare freddo

10 Mamma mia, la temperatura è a quaranta gradi. _____.

11 Io non vengo. Voi _____ da soli.

12 Nè Carlo nè io siamo contenti. _____ troppo

_____ oggi.

Punto per punto

E Ti svegli?!

Answer these questions about yourself.

1 A che ora ti svegli la mattina?

_____

2 Ti alzi subito?

_____

3 Guardi molto la televisione?

_____

4 A che ora vai al lavoro o a scuola?

_____

5 Quando ritorni a casa?

_____

6 Ti addormenti facilmente?

_____

7 Ti arrabbi spesso?

_____

8 Ti stanchi facilmente?

_____

9 Quando ti diverti?

_____

10 Ti ricordi tutta la lezione d'italiano?

_____

F A proposito delle preposizioni

Complete this table of articulated prepositions.

	il	lo	l'	la	i	gli	le
a						agli	
da				dalla			
in			nell'				
di		dello					
su	sul						

Punto per punto

G Adesso la cucina è a posto!

Vittorio the waiter is sick and tired of working in a messy kitchen, so he has rearranged everything. So that the chef won't mess it up again, Vittorio has also written out a list detailing what items go where. Referring to the illustration below, complete Vittorio's list.

la cucina a gas

il frigo

1 La bottiglia di acqua _va nell'armadio._

2 I bicchieri _vanno sugli scaffali._

3 Il cucchiaio grande _____

4 Le olive _____

5 La forchetta grande _____

Punto per punto

6 Le altre forchette _____

7 I coltelli _____

8 Il piatto grande _____

9 Gli altri piatti _____

10 La ricotta _____

11 Le tazze _____

12 Lo zucchero _____

13 Il sale e il pepe _____

14 Il latte _____

15 L'olio e l'aceto _____

16 Il pane _____

17 La pasta _____

18 Il prosciutto _____

19 I pomodori secchi _____

20 I cucchiai e i cucchiaini _____

H Sotto sopra

Vittorio wants to make sure that the chef won't slip back into his messy ways. He's prepared a test in which the chef has to write where each thing is in relation to another. Looking at the illustration, see if you can complete Vittorio's test. You'll need to use the expressions given in the box.

accanto a (next to)   **dietro** (behind)   **davanti a** (in front of)   **sotto** (under)   **sopra** (on top of)

1 (i cucchiai e le forchette) *I cucchiai sono accanto alle forchette.*

2 (la ricotta e il latte) _____

3 (lo zucchero e l'aceto) _____

4 (la bottiglia di acqua e il cucchiaio grande) _____

5 (l'olio e il sale) _____

6 (il prosciutto e le tazze) _____

7 (l'olio e lo zucchero) _____

8 (la forchetta grande e il piatto grande) _____

9 (i coltelli e i cucchiai) _____

10 (l'olio e l'aceto) _____

Punto per punto

I Eccolo, eccola, eccoli, eccole!

The chef's even surprising himself. He knows where everything is. How did he answer these questions? Look at the picture on page 106.

1 Dov'è la pasta? *Eccola! È nel cassetto.*

2 Dove sono i bicchieri? _____

3 Dov'è il piatto grande? _____

4 Dov'è la ricotta? _____

5 Dove sono le forchette? _____

6 Dove sono i pomodori secchi? _____

7 Dov'è la forchetta grande? _____

8 Dov'è il latte? _____

9 Dove sono il sale e il pepe? _____

10 Dove sono le tazze? _____

J Quello sì che è bello

Write the correct form of **quello** in front of these words, then write the words in their plural form.

1 _____ bottiglia _____

2 _____ collina _____

3 _____ spazio _____

4 _____ vetro _____

5 _____ articolo _____

Now do the same with **bello**.

6 _____ giornata _____

7 _____ regalo _____

8 _____ zaino _____

9 _____ ufficio _____

10 _____ film _____

Punto per punto

K Del pane dei ragazzi

Now this is a typical Italian picnic! The organiser of this outing has thought of everything. Looking at the illustration, make a checklist so that you can plan your own Italian picnic. Don't forget to write the Italian word for *some* (**del**, **della** etc.) where necessary.

1 *del salame*

2 _____

3 _____

4 _____

5 _____

6 _____

7 _____

8 _____

9 _____

10 _____

11 _____

12 _____

13 _____

14 _____

15 _____

L Lo faccio spesso

How much has studying Italian influenced you? Answer the questions below and find out. For each answer write one of the following: **no**, **ogni tanto** or **spesso**. Use the object pronouns **lo**, **la**, **li**, and **le** to make your answers short.

1 Studi la grammatica italiana a casa?

Sì la studio spesso./No, non la studio.

2 Mangi la mortadella?

_____

3 Fai delle passeggiate?

_____

4 Parli l'italiano con i tuoi amici?

_____

5 Guardi i film italiani?

_____

6 Ascolti la radio italiana?

_____

7 Canti le canzoni italiane?

_____

8 Bevi il caffè espresso?

_____

9 Visiti le mostre d'arte italiana?

_____

10 Prepari dei piatti speciali italiani?

_____

Come sei andato?

How did you go? Score 2 points if you answered **spesso**, 1 for **ogni tanto** and none for a **no** answer.

Da quindici a venti punti
Sei italiano?

Da otto a quattordici punti
Il tuo studio dell'italiano va avanti molto bene.

Da tre a sette
Hai molto lavoro davanti a te.

Da zero a due
Mamma mia! Hai bisogno di aiuto.

Punto per punto

M Un espressione, per favore!

Which of these sentences or expressions would you use in the following situations?

Prendi tutto alla leggera!

Non ce la faccio più!

Da solo?

Non lo so.

Bisogna prepararsi.

Mamma mia!

Grazie, altrettanto.

Che cosa ci posso fare?

Ci divertiamo un mondo!

Bisogna muoversi.

---

1 You're trying to convince a friend to come to a party with you.

_____

2 You've been playing tennis with your younger brother for hours and you've had enough.

_____

3 You're discussing next week's difficult Italian test with a friend.

_____

4 Your friend thinks that the test will be easy and that there's no need to study.

_____

5 You're going on holidays and are catching a plane in an hour's time but the whole family is dawdling.

_____

6 You're asked a question about something you've never heard of before.

_____

7 You're being blamed for something that is out of your control.

_____

8 A classmate wishes you luck as you walk into your exam.

_____

9 You and your father usually wash the dishes together. He's not at home this evening but your mother still insists you do them.

_____

10 You find out you didn't make any mistakes in your Italian test.

_____

Che cos'è questa storia?

A Domande

Read the photo-story on pages 69 to 72 of the *Textbook* and answer the following questions in complete sentences.

1 Che cosa non sopporta Roberto?

_____

2 Qual è la sua gita preferita?

_____

3 Dove porta gli studenti?

_____

4 Che tipo di persona è Roberto?

_____

5 A che ora arrivano gli studenti?

_____

6 Che tempo fa?

_____

7 Che cosa fanno i ragazzi dopo che arrivano in cima alla collina?

_____

8 Dove sono le scatolette di tonno?

_____

9 Quando mangia il tonno Tim?

_____

10 Perché non fanno un panino per Roberto?

_____

11 Come aprono la bottiglia di acqua minerale?

_____

12 Che cosa fanno i ragazzi quando finiscono di mangiare?

_____

13 Roberto è ancora serio?

_____

Che cos'è questa storia?

B La natura? La amo e la rispetto.

Answer the following questions about the photo-story on pages 69 to 72 of the *Textbook*, replacing the words in bold with **lo**, **la**, **li** and **le**.

1 Roberto sopporta **le persone che prendono tutto alla leggera**?

   No, non le sopporta.

2 Roberto quando organizza **la gita ecologica**?

   _____

3 Roberto dove porta **gli studenti** per la gita ecologica?

   _____

4 Secondo te, Roberto visita spesso **le colline di Urbania**?

   _____

5 Roberto ama **la campagna e la natura**?

   _____

6 Quando sono stanchi, Roberto che cosa fa fare **agli studenti**?

   _____

7 I ragazzi aprono **la bottiglia di acqua minerale**?

   _____

8 Tim quando mangia **il tonno**?

   _____

9 Roberto mangia **il pesce e la carne**?

   _____

10 Secondo te, i ragazzi rispettano **Roberto**?

   _____

C Dice che...

Answer the following questions about what was said on the **gita ecologica**.

A reported statement is often introduced by **che**. Study the following example:

Tim: 'Ho fame e voglio mangiare.'

Tim dice *che* ha fame e *che* vuole mangiare.

1   Che cosa dice Giovanni a Roberto?

   _____

   _____

2   Che cosa dice Tim a Roberto quando Roberto dice che sono in ritardo?

   _____

   _____

3   Che cosa dice Carlo a Annamaria dopo tre quarti d'ora?

   _____

   _____

4   Che cosa dicono Caterina e Tim quando finalmente arrivano in cima?

   _____

   _____

5   Che cosa dice Roberto quando i ragazzi mangiano il tonno?

   _____

   _____

6   Che cosa dice Annamaria quando si arrabbiano con lei?

   _____

   _____

7   Che cosa dici tu di Roberto?

   _____

   _____

Tocca a voi!

A Sono un tipo preciso

You're applying for a job that requires precision and reliability. As part of the selection process, you're asked to write about your daily routine, from the moment you wake up in the morning to when you go to bed at night.

Show what a creature of habit you are, and how suitable you would be for this position, by being very precise about the times you regularly do things.

B Le previsioni del tempo

The local Italian radio station has invited you as a guest to read the weather forecast on their six o'clock news. Prepare yourself well by writing down exactly what you're going to say, including introducing yourself and signing off.

C La natura mi piace un mondo!

Design a colourful poster which encourages people to protect our environment. For ideas you may want to look at pages 82 and 83 of your *Textbook*. You could include the following:

- a heading or a slogan
- a list of things that we need to do, e.g. **Bisogna rispettare la natura**
- a list of things that we should not do, e.g. **Non bisogna inquinare l'aria**.

A L'ecologia

Read **L'ecologia** on pages 82 to 83 of the *Textbook*, then answer the following questions.

1 What is Roberto always serious about?

_____

2 Why does Roberto think people in Urbania are lucky?

_____

3 Which problems are serious in the larger cities?

_____

4 Why do you think monuments are also under threat?

_____

5 What happens when the centre of a large city is closed to traffic?

_____

6 What are some of the initiatives that help reduce traffic in the city centres?

_____

7 Why does Roberto think that Italian cities need more trees?

_____

8 What does Roberto think is peculiar about Milan?

_____

9 What are **contenitori per il riciclaggio** used for?

_____

10 What evidence is there to suggest that the ecological movement in Italy is not limited to cities?

_____

_____

Sapore d'Italia ▮

B TV Italia

Look at the TV guide and find the Italian words for the types of programmes listed 1–5 below.
Then answer the questions that follow.

PROGRAMMI TV

RAIUNO `001`

6.45	Attualità: **Unomattina Estate**; (7, 8, 9): **Tg1 Mattina**; (7.30, 8.30): **Tg1 Flash**. *74225113*
9.30	Telefilm:«**Il cane di papà**». *4046945*
9.55	Film: «**La valle del Re**» (avventure, Usa, '54). Con Robert Taylor, Eleanor Parker. Nell'intervallo (11.00): **Tg1**. Da Napoli. *34583216*
11.30	Attualità: **Verde Mattina – Estate**. *13939*
12.30	**Tg1 – Flash**. *41991*
12.35	Telefilm:«**La signora in giallo**». «Ciak, si uccide». Con Angela Lansbury. *1774113*
13.30	**Tg1 – Telegiornale**. *7129*
14.00	Attualità: **Settegiorni al Parlamento**. *8858*
14.30	Film: «**Lili**» (commedia, Usa, 1953). Regia di Charles Walters. Con Leslie Caron, Mel Ferrer, Jean-Pierre Aumont. *2177200*
15.55	Varietà per ragazzi: **Solletico**. Nel programma (16.00): Telefilm:«**Tarzan**». *71925179*
18.00	**Tg1 – Telegiornale**. *48228*
18.15	Telefilm:«**Alf**». Con Max Wright. *770026*
18.50	Varietà: **Estate al Luna Park**. Dal parco Aquafan di Riccione; (1935): **Tempo**. *7256397*
20.00	**Tg1 – Telegiornale**. *858*
20.30	Sport: **Tg1 – Sport**. *29179*
20.40	Film: «**Vacanza romane**» (commedia, Usa, 1953). Con Gregory Peck, Audrey Hepburn. Al termine: **Le migliori chiacchiere della serata**. Con Giulia Fossà, Sebastiano Somma. *2611262*
23.00	**Tg1 – Telegiornale**. *11552*
23.05	Documenti **Le Alpi di Messner**. «Cervino – La sfiida dlla vertigine». *8737674*
24.00	**Tg1 – Notte**. *44858*
0.25	**Agenda – Zodiaco – Che tempo fa**. *8337427*
0.30	**Oggi al Parlamento**. *6526224*
0.40	Documenti. «**Venezia sconosciuta**». *1821663*
1.10	Attual.: **Sottovoce**. Con Gigi Marzullo. *8916582*

RAIDUE `002`

7.20	Documenti: **Nel regno della natura**. *3513484*
8.00	Attualità: **Protestantesimo**. *5378*
8.30	Varietà per ragazzi: **Quante storie!** *37533*
9.30	Telefilm:«**Lassie**». *4044587*
9.55	Telefilm:«**Saranno famosi**». *1984945*
10.45	Teleromanzo: «**Secrets**». *1149303*
11.30	**Tg2 – Trentatré**. A cura Luciano Onder. *1310484*
11.45	**Tg2 – Mattina**. *1942736*
12.00	Varietà: **Quante storie Flash!** *45197*
12.10	Telefilm:«**L'arca del dottor Bayer**». *5645755*
13.00	**Tg2 – Giorno – Meteo 2**. *71736*
13.40	Varietà per ragazzi: **Quante storie!** *1174303*
14.15	Teleromanzo: «**Paradise Beach**». *552007*
14.45	Teleromanzo: «**Santa Barbara**». *2883129*
15.30	**Tg2 – Flash**. *54842*
15.35	Telefilm:«**La grande vallata**». *4405939*
17.20	**Tg2 – Flash**. *5457939*
17.25	Telefilm:«**Un medico tra gli orsi**». *4566736*
18.10	**TgS – Sportsera. – Meteo**. *9111026*
18.35	Attualità: **In viaggio con Sereno variabile**. Con Osvaldo Bevilacqua. *922026*
18.50	Sport: **Atletica leggera**. Camp. mondiali. *611113*
19.45	**Tg2 – Sera**. *204823*
20.15	**TgS – Lo Sport**. *2539945*
20.20	Varietà: **Go-cart**. Con Maria Monsè. *3167397*
20.40	Telefilm:«**L'ispettore Derrick**». «Un pesce piccolo piccolo». Con Horst Tappert. *2675533*
21.45	Varietà: **Se rinasco**. Con Patrizio Roversi e Syusy Blady. Regia di Sergio Spini. *3512228*
23.30	**Tg2 – Notte**. *32842*
0.05	Musica: **Parole e musica d'autore**. Violinista e direttore Salvatore Accardo. Orchestra I Virtuosi di Santa Cecilia. Musiche di Beethoven. *2008224*
1.05	Sport: **Vela**. Giro d'Italia. *5008576*
1.30	Telefilm:«**Il commissario Kress**». *7630750*

1 current affairs _____

2 soap opera _____

3 news _____

4 TV series _____

5 variety _____

6 What type of programme is *Nel regno della natura* on RAIDUE at 7.20 a.m.?
_____

7 What is **Tg** an abbreviation for?
_____

8 Angela Lansbury is the star of *Murder, she wrote* on RAIUNO. What is this show called in Italian?
_____

9 At what time does RAIUNO have its first evening news programme?
_____

Ascoltiamo!

A Guardiamo le diapositive!

After their trip to Rome, professor Di Matteo is showing his students slides of famous Roman monuments. Match his comments with the pictures by writing the appropriate numbers in the boxes below.

B Hai una piantina?

The students often like to go on day trips from Urbania, so Roberto has prepared a map of the area to give them. Unfortunately he forgot to write how far away each place is, so as he tells the students the distances, write them on the map on the appropriate connecting line.

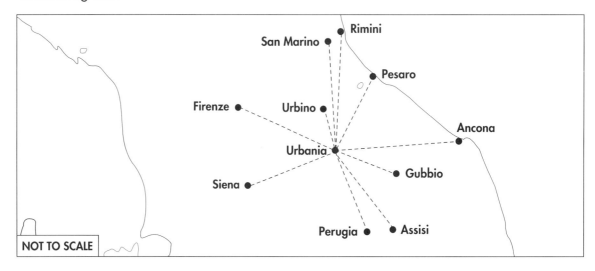

Ascoltiamo!

C Quanto ci vuole?

Listen to these people talk about where they've been. Write how long each trip took and the means of transport that was taken.

1 _____

2 _____

3 _____

4 _____

5 _____

6 _____

D Lasciate il messaggio dopo il bip...

One of the students has invited a few people over for dinner on Saturday and has asked them to leave their replies on his answering machine, as he's had to go away for a few days. Listen as he checks the messages and put a tick next to the names of those who are coming and a cross next to those who aren't.

☐	Clotilde	☐	Carmelo
☐	Loredana	☐	Agnese
☐	Ernesto	☐	Giovanna

E Pronto! Ufficio informazioni

Your friend is thinking of going away for the weekend but is not sure where he wants to go yet. As he phones the **ufficio informazione** to find out the various train departure and arrival times, help him by writing the times next to the appropriate city.

PARTENZA	ARRIVO
Pescara	
Firenze	
Genova	
Napoli	
Bologna	

F Tempo libero

The students had a free afternoon yesterday. As professoressa Bucchi asks each person what they did, write the name of the student under the correct activity, then answer the question beneath the illustration.

Dovo sono arrivati?

Che cosa ha comprato?

Come si chiama la chiesa più bella?

Dove sono andati?

Per quanto tempo ha dormito?

Che cosa ha studiato?

Gioco di parole

A Come si viaggia?

Match the tickets with the mode of transport.

la macchina   la barca   il pullman
l'aereo   l'autobus   la bicicletta   il treno

Città di Bari
Biglietto Ordinario
No. 89026
Norme d'uso

All'inizio del viaggio
l'utente deve
timbrare il biglietto
nell'apposita macchinetta.

L. 1.000

Azienda Municipalizzata

FERROVIE DELLO STATO

Da	A	Ora	Data
Fiumicino	Roma Termini	8.37	7 luglio

KM	Indice speciale	TASSA
33	RIC.TAR.-F12	L.5000

CONVALIDA
Biglietto di andata semplice

Roma - Londra

PARTENZA DA - Leonardo da Vinci

Ore **11.35**

ARRIVO destinazione 14.25
Biglietto valido solo per il mese di MARZO

NB   N° 019408

S.I.P.P.I.C.

S.I.P.
P.I.C.

Biglietto per l'aliscafo
Amalfi - Capri
andata e ritorno

Partenza ogni
novanta minuti

Validità illimitata

Importo
Lire 55.000

Piazza Colonna Service
Noleggio per 2 ore

Da ritornare entro mezzogiorno

Costo **Lire 15.000** all'ora

Grazie e buona passeggiata!

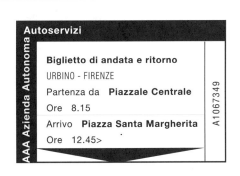

Autoservizi

Biglietto di andata e ritorno
URBINO - FIRENZE
Partenza da **Piazzale Centrale**
Ore 8.15
Arrivo **Piazza Santa Margherita**
Ore 12.45>

AAA Azienda Autonoma

A1067349

AUTOSTRADA DEL SOLE

Casello Eugeni

Importo   Uscita   Entrata

Rispettate i limiti di velocità.
Buon viaggio!

B Parola mia

Put the words in the box in their correct categories.

pomodori secchi   gelato   grammi   ricotta   biglietto
etto   binario   dolce   torta   prosciutto   andata   chilo

pasticceria
dolce

generi alimentari

pesi

trasporto

Gioco di parole

C I superbi verbi

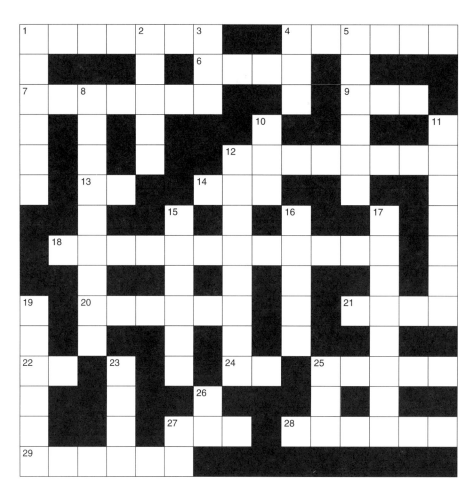

Orizzontali

1 to pass
4 to fall
6 oar
7 to scream
9 street
12 to buy

13 the preposition used to form **nella**
14 who?
18 to cross
20 to laugh
21 to say
22 the longest river in Italy

24 a form of *and*
25 used to form the past tense of most verbs
27 your
28 to be able to
29 **andare** takes this verb to form the past tense

Verticali

1 to pay
2 to love
3 the infinitive ending of the verb *to drink*
4 with
5 to have to

8 to insist
10 then
11 to throw
12 to ask
15 to be worth
16 to use
17 to decide

19 to know a fact
23 to do or make
25 first person singular of **due verticale**
26 you
27 form of **tu** used after a preposition

Gioco di parole

D Negozi e altri posti

Fill in the names of the types of places pictured. When you have completed the puzzle, Annamaria's favourite place in Rome will appear in the shaded boxes.

1.

2. L

3.

4.

5. E

6.

7. C

8.

A Capire? Sì, ho capito

Write the past participle of these regular verbs.

1 parlare   *parlato*   6 cadere   _____

2 comprare   _____   7 cambiare _____

3 vendere   _____   8 mangiare _____

4 sentire   _____   9 potere   _____

5 aiutare   _____   10 pulire   _____

B Il passato prossimo con avere

In the story on pages 88 to 92 of your *Textbook*, find the verbs in the perfect tense that take the auxiliary **avere**. Fill in as many examples as you can in the table below.

io	*ho visitato Roma*
tu	
lui lei Lei	
noi	
voi	*avete pagato troppo*
loro	

C ...e adesso con essere

Now find some verbs in the story that take the auxiliary **essere** in the perfect tense. Find examples for **io**, **tu** and **noi** only.

io	
tu	
noi	

What do you notice about the ending of the past participle?

_____

Punto per punto

D Che cosa fanno?

What are they doing? Label these pictures with the infinitive and the past participle of the verb.
Don't be fooled, only three of these verbs are regular.

'Mamma mia, dov'è?'

Scrivere

scritto

_____

_____

_____

_____

_____

_____

'Cinque biglietti
per Roma.'

_____

_____

...la spesa

_____

_____

_____

_____

_____

_____

_____

_____

'Scusi, dov'è il bar?'

_____

_____

Punto per punto

E Che cosa avete fatto?

Write the answers to the questions about the illustrations.

1 Che cosa ha fatto questa ragazza?

Ha giocato a bocce.

2 Che cosa ha fatto Sergio?

_____

3 Che cosa hai fatto stamattina?

_____

4 Sabato, che cosa avete fatto, ragazzi?

_____

5 Che cosa hanno visto i nostri amici?

_____

6 Ragazze, che cosa avete fatto ieri sera?

_____

7 Che cosa ha fatto Andrea?

_____

8 Che cosa hai fatto questo pomeriggio?

_____

9 Che cosa hai visitato con Roberto?

_____

10 Che cosa hanno fatto i ragazzi l'altro giorno?

_____

Punto per punto

F Sei stato a Roma?

Write the answers to the questions about the photos.

Via dei Fori Imperiali

il signor Reginato

Piazza Navona

Valentina e Piero

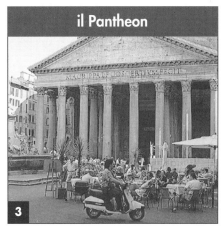

il Pantheon

Fausto

L'Arco di Costantino

Nuccia

Il Monumento a Vittorio Emanuele

il signor Brambilla

Piazza di Spagna

Cecilia e Lucia

1 Dov'è andato il signor Reginato?

_____

2 E Valentina e Pietro?

_____

3 Fausto, dove sei stato sabato?

_____

4 E tu, Nuccia?

_____

5 E il signor Brambilla e sua moglie?

_____

6 Cecilia e Lucia, voi dove siete state l'altro giorno?

_____

G Il passato è prossimo

Complete each sentence using the past tense of the verb in brackets.

1 L'altro giorno Annamaria _____ Roma con i suoi amici. (visitare)

2 Secondo me, tu _____ troppo per quel gelato. (pagare)

3 Ma dici sul serio! I ragazzi _____ in barca? (andare)

4 Il Papa _____ che bisogna amare il prossimo. (dire)

5 Lascia fare a me! Io _____ a Roma tante altre volte. (essere)

6 Tutto ad un tratto Caterina e Lucia _____ idea. (cambiare)

7 Accidenti! La mia moneta _____ nell'acqua. (cadere)

8 Uffa! Noi _____ Stefano troppo. (aspettare)

9 Carlo _____ al signore per uno sconto? (chiedere)

10 Veramente io _____ tante lettere alla mia famiglia. (scrivere)

11 Poveretti! Tu e Tim non _____ i compiti. (finire)

12 Mamma mia! Che cosa _____ qui? (succedere)

13 Prendi tutto alla leggera. Per questo _____ nell'acqua. (cadere)

14 Adesso che _____, godetevi la vista. (salire)

15 Mi dispiace se _____ in ritardo. (arrivare)

16 Sono andato in cima, ma purtroppo non _____ il panorama. (vedere)

17 Per quanto tempo Annamaria _____ a Roma? (rimanere).

18 Che cosa ci posso fare? Oggi _____ troppe cose. (comprare)

19 Io e Annamaria _____ alla Fontana di Trevi insieme. (andare)

20 Ci siamo divertiti un mondo! _____ per ore e ore. (ridere)

21 C'incontriamo al bar. Le ragazze _____ mezz'ora fa. (partire)

22 A Roma _____ tante cose, e non tutte buone. (succedere)

Punto per punto

H Che cosa sai fare, tu?

Carlo, Lucia, Stefano, Caterina and Annamaria have various skills. First find out what they can't do by reading the text below and putting a cross in the appropriate columns in the table.

				Guten Morgen, Herr Kaufmann.	
Carlo	x				
Lucia	x				
Stefano					
Caterina					
Annamaria					

- Lucia e Carlo non sanno cantare.
- Lucia non sa cucinare le lasagne e Stefano non sa giocare a bocce.
- Caterina non sa né giocare a bocce né cucinare le lasagne.
- Carlo e Annamaria non sanno parlare tedesco.
- Stefano non sa cucinare le lasagne.
- Carlo e Caterina non sanno suonare il violino.
- Annamaria non sa giocare a bocce e Lucia non sa parlare tedesco.
- Lucia e Stefano non sanno suonare il violino.
- Caterina non sa parlare tedesco e Carlo non sa giocare a bocce.
- Annamaria non sa né cucinare le lasagne né cantare.
- Anche Stefano non sa cantare.

Now write what they can do.

1 _____

2 _____

3 _____

4 _____

5 _____

Write four things that you know how to do.

_____

_____

_____

_____

I Conosci il verbo sapere?

Complete these sentences using the correct form of either **sapere** or **conoscere**.

1 Io ho Roma nel sangue. La _____ molto bene.

2 Carlo, _____ andare da qui a Piazza San Pietro in autobus?

3 Voi_____ Carlo, vero? È un tipo aggressivo?

4 Lei _____ tutto. _____ anche la storia del Colosseo.

5 Andiamo a piedi perché _____ bene le vie di Roma.

6 Tutti _____ che Roma è la capitale d'Italia.

7 Accomodatevi! _____ che siete sempre benvenuti qui.

J Dov'è l'anello?

Carlo can't find the ring his mother gave him before he left for Italy. Caterina is helping him look for it. Complete this dialogue by writing **non...mai**, **non...niente** or **non...nessuno** in the spaces provided.

Carlo: Hai visto il mio anello?

Caterina: Il tuo anello? No, _____ ho _____ visto il tuo anello. Hai chiesto a Annamaria?

Carlo: Ho telefonato, ma _____ c'è _____ a casa.

Caterina: Hai guardato nel tuo armadio?

Carlo: Certo! Ma _____ c'è _____ nell'armadio.

Caterina: Forse è nello zaino.

Carlo: Caterina! Io _____ metto _____ il mio anello nello zaino.

Caterina: Va bene, va bene. Che cosa c'è sul tavolo?

Carlo: Uffa! _____ c'è _____ sul tavolo. Ho guardato.

Caterina: Hai prestato l'anello a qualcuno?

Carlo: Io _____ presto _____ il mio anello a _____.

Caterina: Hai guardato nel cassetto?

Carlo: Ma certo! Caterina, io...eccolo! Sì, è qui.

Caterina: Carlo sei incorreggibile. _____ trovi _____ _____.

Punto per punto

K Che cosa si fa qui?

Write the phrases under the appropriate pictures.

qui si vendono gelati   qui si comprano i dolci   qui si prega   qui si studia

qui si vendono libri   qui si fa la spesa   qui si prelevano soldi   qui si vedono i film

_____

_____

_____

_____

_____

_____

_____

_____

_____

_____

_____

_____

_____

Why are some of the verbs that follow **si** in the plural?

_____

Punto per punto

L Voglio, devo e posso

Complete the verb table below.

	dovere	potere	volere
io			
tu	*devi*		
lui lei Lei			
noi		*possiamo*	
voi			
loro			*vogliono*

M Quante scuse

Everyone wants to go to the party but no one is able to, for very good reasons. Write sentences connecting the people with the excuses.

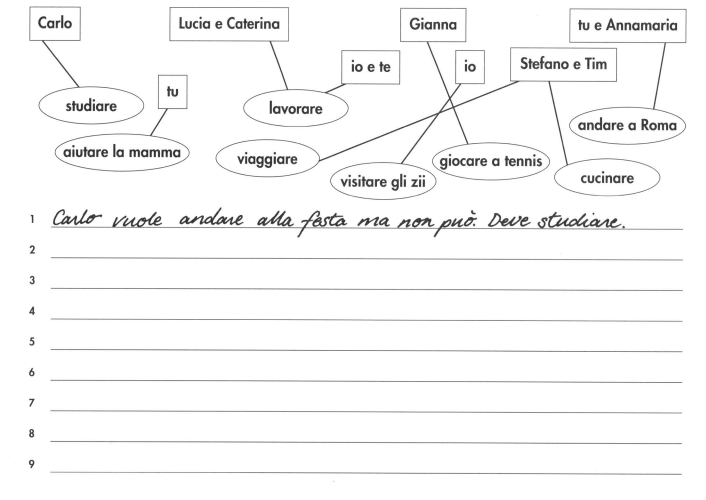

1 *Carlo vuole andare alla festa ma non può. Deve studiare.*

2 _____

3 _____

4 _____

5 _____

6 _____

7 _____

8 _____

9 _____

Punto per punto

N Quando ci sei andata?

As well as going to school, Lucia crams many other activities into her week. Look at her diary and answer the questions about what she's been up to recently. Use **ci** in your answers rather than repeating the place name in the questions.

luglio	Diario	Diario	luglio
13 DOMENICA Roma con Cat., AM, SM. e CC partenza stazione alle 5.00 assurdo!!!		**GIOVEDÌ** **17** passeggiata in campagna- non vado con nessuno!!!	
14 LUNEDÌ 16.30 bocce		**VENERDÌ** **18** 13.30 bocce 21.00 concerto Palazzo Ducale	
15 MARTEDÌ 7.30 puntuali!! gita con Roberto - San Marino		**SABATO** **19** 20.00 cinema con Annamaria e Caterina	
16 MERCOLEDÌ 14.00 bocce			

1 Quando è andata a San Marino Lucia?

Ci è andata martedì.

2 Con chi è andata a San Marino?

_____

3 Quando sono andati a Roma, Lucia e gli altri?

_____

4 Anche Gianna è andata a Roma?

_____

5 Anche Carlo è andato?

_____

6 Quando è andata al cinema?

_____

7 Anche Caterina e Annamaria sono andate al cinema?

_____

8 Lucia va spesso a giocare a bocce? Quante volte è andata questa settimana?

_____

9 Normalmente Lucia va a giocare a bocce di mattina o di pomeriggio?

_____

10 È andata in campagna da sola o con qualcuno?

_____

11 Lucia è stata a Firenze questa settimana?

_____

12 Quante volte è andata al concerto?

_____

◎ Quanti ne hai comprati?

Answer these questions using the word **ne**.

Alba

Maura e Giovanni

Roberto

la signora Pasotto

il professor Pasotto

Lisa e Mike

1 Quanti libri ha comprato Alba?

Ne ha comprati tre.

2 Quanti cappuccini hanno bevuto Maura e Giovanni?

_____

3 Quanta uva ha comprato Roberto?

_____

4 Quanti biglietti ha comprato la signora Pasotto?

_____

5 Quanto formaggio ha comprato il professor Pasotto?

_____

6 Quanti gelati hanno comprato Mike e Lisa?

_____

Punto per punto

P Secondo me, lei è più antipatica

By now you have probably formed opinions about the characters in *Ci siamo*. Answer the following questions saying who you think is more calm, less tiresome etc.

1 Secondo te, è più calmo Carlo o Stefano?
   Secondo me, Stefano è molto più calmo.

2 Secondo te, è più simpatica Annamaria o Caterina?
   _____

3 Secondo te, è meno aggressivo Roberto o Tim?
   _____

4 Dopo il viaggio a Roma, secondo te, è meno arrabbiata Caterina o Lucia?
   _____

5 Secondo te, è più romano Carlo o Giulio Cesare?
   _____

6 Secondo te, è più incorreggibile Lucia o Carlo?
   _____

7 Secondo te, è meno famoso Giulio Cesare o Spartaco?
   _____

8 Secondo te, è più esigente Annamaria o Lucia?
   _____

Q Sei il più!

Which characteristic best describes which character in *Ci siamo*? Give your opinion.

1 carino *Secondo me, Donatella è la più carina.*

2 **divertente** _____

3 **alto** _____

4 **tranquillo** _____

5 **generoso** _____

6 **antipatico** _____

7 **spiritoso** _____

8 **serio** _____

9 **sincero** _____

10 **timido** _____

11 **pigro** _____

12 **pesante** _____

A Domande

Read **Una domenica tranquilla** on pages 88 to 92 of the *Textbook*, then answer the following questions in complete sentences.

1 Perché i ragazzi sono andati a Roma di domenica?

_____

_____

2 Come ci sono andati?

_____

3 Qual è il monumento più famoso di Roma?

_____

4 Che cosa vuole comprare Lucia?

_____

5 Carlo è veramente romano?

_____

6 Perché Lucia è arrabbiata con Carlo?

_____

_____

7 Perché i ragazzi hanno gettato delle monete nella Fontana di Trevi?

_____

_____

8 Che cosa hanno mangiato i ragazzi?

_____

9 Quanto ci vuole dalla Fontana di Trevi a Piazza San Pietro?

_____

10 Dove sono andati dopo Piazza San Pietro?

_____

11 Chi ha fatto una gita in barca?

_____

12 Quanto hanno pagato?

_____

13 Secondo Annamaria, Roma è sempre più tranquilla di domenica?

_____

_____

Che cos'è questa storia?

B La gita a Roma secondo Carlo

Carlo seems to have had a memory lapse. His version of what happened on the trip to Rome is not entirely accurate. Fill in the correct form of the verbs in brackets (either perfect or present tense) to complete his account of events.

Domenica scorsa io ed i miei amici (visitare) _____ Roma. Per prendere il treno per Roma (partire) _____ da Urbania alle tre del mattino! È assurdo partire così presto!

(andare) _____ al Colosseo. Caterina (dire) _____ 'Ma non c'è niente nell'arena.' Io (dire) _____ che bisogna usare l'immaginazione.

Dopo il Colosseo, (andare) _____ alla Fontana di Trevi e (gettare) _____ delle monete nell'acqua. Si (dire) _____ che chi getta una moneta nella fontana, sicuramente ritorna.

Vicino alla Fontana di Trevi, Lucia (vedere) _____ una bancarella con dei souvenir di Roma. Con i miei soldi io (comprare) _____ un anello per lei. Annamaria mi (dire) _____ 'Carlo (essere) _____ molto gentile.'

Poi noi tutti (prendere) _____ qualcosa da mangiare e da bere. Dopo che (mangiare) _____ , (partire) _____ per Piazza San Pietro. (Andare) _____ a piedi perché io (conoscere) _____ la strada molto bene.

Io e Lucia (ascoltare) _____ il Papa mentre gli altri (fare) _____ delle fotografie.

Da Piazza San Pietro a Villa Borghese ci sono meno di due chilometri, ma io (insistere) _____ per prendere l'autobus. A Villa Borghese c'è un laghetto dove si (potere noleggiare) _____ delle barche. E così, io (portare) _____ le ragazze a fare una gita in barca. Io (chiedere) _____ uno sconto e lo (avere) _____.

Lucia (dire) _____ 'Quest'anello è molto simpatico.' Caterina (chiedere) _____ , '(Potere vedere) _____ l'anello, Lucia?' Ma quando Caterina (prendere) _____ l'anello, (cadere) _____ nell'acqua.

Anche se Lucia (perdere) _____ l'anello, ci siamo divertiti un mondo.

C La verità, per favore!

Carlo's recollection of the trip to Rome is full of mistakes. Look at Annamaria's true account in the *Textbook* and correct Carlo's statements.

Non sono partiti alle tre di mattina ma alle cinque.

Not everything that Carlo wrote was incorrect. Write down nine things that he got right.

È vero che Carlo e i suoi amici sono andati a Roma domenica scorsa.

Tocca a voi!

A L'autore sei tu

The authors of *Ci siamo* haven't made the most of all the photos in the *Textbook*. Here is your chance to contribute by filling in the speech bubbles and writing some captions.

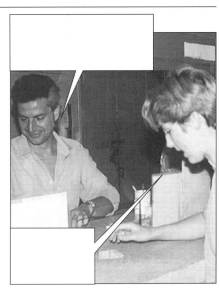

B Sono tutte scuse!

Roberto has invited everyone on another **gita ecologica**, to visit the highest mountain in the area. For some strange reason, Carlo, Lucia, Caterina, Tim and Annamaria don't want to go. They've each left Roberto a note telling him why they can't go. Read Annamaria's excuses, then write a note for each of the others.

> Caro Roberto,
> Grazie per l'invito. Sei molto gentile, ma mi dispiace, non posso venire. Sono molto occupata in questi giorni. Devo scrivere ai miei genitori e mi devo anche preparare per la gita a Firenze. Vorrei veramente venire ma purtroppo non posso.
> Ciao
> Annamaria

_____

_____

_____

_____

_____

_____

_____

_____

C Dove sono stato e che cosa ho fatto

Write about a recent holiday. Say where you went, how you travelled, what you saw and what you did. Write also about what you enjoyed most, preferred or didn't like.

OR

Keep a diary for a week. Write what you do and where you go. Say also whether you did some things because you wanted to or because you had to.

Tocca a voi!

D Quali città suggerisce la CIT?

You're planning a two-week trip around Italy. A friend has given you the address of CIT (Compagnia Italiana Turismo), the Italian tourist information office, and has suggested you write to them.

Write CIT a letter. You might like to include some of the following ideas.
- Say exactly when you will be in Italy and for how long.
- Say where you would like to go.
- Suggest an itinerary and ask for an opinion and advice.
- Ask about places of interest in the cities you want to visit.
- Give an idea of the things that interest you and what you don't like.
- Ask about festivals, concerts, museums etc.
- Ask advice about the different means of transport.
- Ask about travel times.

Sapore d'Italia

A L'Italia delle vacanze conquista un nuovo record

Read **L'Italia delle vacanze conquista un nuovo record** on pages 102 to 103 of the *Textbook*, then answer the following questions.

1 Which is the busiest period for tourism in Italy?

_____

2 Which country provides the largest number of foreign tourists?

_____

3 In which country do most Italians spend their holidays?

_____

4 When do most Italians go on holiday?

_____

5 What happens in many Italian cities during these months?

_____

6 How many hotel beds does Italy have?

_____

7 What is the main reason that Emilia-Romagna is the region with the most tourists?

_____

8 Why are more and more tourists heading towards the southern regions of Italy?

_____

9 What prediction does the author make about the future of tourism in Italy?

_____

B Patate Primo Amore!!

Read **Patate Primo Amore!!** on page 103 of the *Textbook*, then answer the following questions.

1 Where is Giulio's and Luciana's farm?

_____

2 Why were the first two years so difficult?

_____

3 What is the principal objective of an **agriturista**?

_____

4 Why did Giulio choose to plant potatoes?

_____

5 What made him so angry and what surprise did he have?

_____

6 What did he decide to do with the potato and what was the outcome?

_____

Sapore d'Italia

C I biglietti di Stefano

Stefano has kept some of the tickets from his trip around Italy. Look at the tickets and answer the questions below.

1 Name the six cities that Stefano visited during his stay.

_____

2 Which two months did he spend in Italy? _____

3 How did he pay for his trip from Venezia to Firenze? _____

4 How long is a bus ticket valid in Milano? _____

5 How far is it from Firenze to Venezia by train? _____

6 What was the date of Stefano's trip to Napoli? _____

7 Did he travel to Firenze alone? _____

8 What do the initials B.I.T. stand for? _____

9 These are the names of four of the main train stations in Italy. Before each one, write the city in which they can be found.

_____ Termini   _____ Santa Maria Novella

_____ Centrale   _____ Santa Lucia

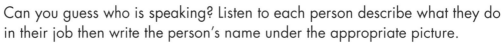
Ascoltiamo!

A Che lavoro fai?

Can you guess who is speaking? Listen to each person describe what they do in their job then write the person's name under the appropriate picture.

_____
_____
_____

_____
_____
_____

B Tutti al lavoro

These people are responding to a survey about their occupations, how they get to work and how long it takes. Record the answers on the form below.

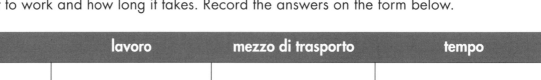

	lavoro	mezzo di trasporto	tempo
1			
2			
3			
4			
5			

Capitolo sette

Ascoltiamo!

C Ti piace colorare?

The father of Clara has just bought her a new colouring book. Listen as he helps her colour in one of the pictures, then label the illustration with the colours they decide to use.

∎ Ascoltiamo!

D Chi è?

You will hear three statements for each set of pictures. As you listen to each statement, cross out the picture that doesn't match with it. After the third statement you should be left with the picture that best illustrates the information given in the statements.

Ascoltiamo!

E Ma costa troppo!

This clothing store is having a sale. As the manager and shop assistant discuss prices and the colours available, write the information on the sign next to the appropriate item in the shop window display.

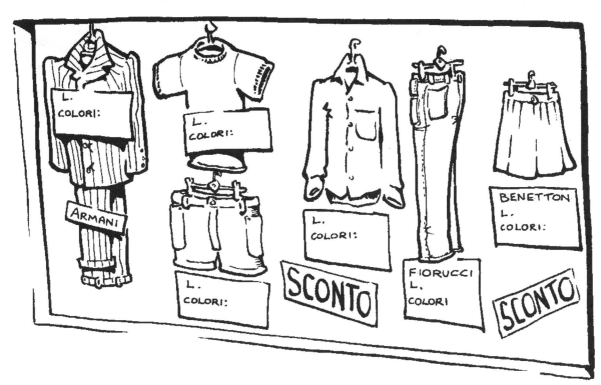

F Quanti messaggi!

Help the receptionist by taking messages for the people who can't come to the phone.

1	MESSAGGIO
Per	
Da	
Data e Ora	
Messaggio	
☎	

2	MESSAGGIO
Per	
Da	
Data e Ora	
Messaggio	
☎	

3	MESSAGGIO
Per	
Da	
Data e Ora	
Messaggio	
☎	

4	MESSAGGIO
Per	
Da	
Data e Ora	
Messaggio	
☎	

G Al ristorante

A group of people has arrived at *Trattoria Sant'Agostino* for dinner. As they each order their food, then their drinks, put a mark next to the appropriate item on the waiter's order form.

TRATTORIA S. AGOSTINO

	1	2	3	4	5	6
Antipasti						
antipasto misto						
prosciutto e melone						
frutti di mare						
Primi						
minestrone						
tortellini in brodo						
lasagne						
tagliatelle al tartufo						
Secondi						
pollo arrosto						
bistecca ai ferri						
calamari fritti						
cotoletta alla milanese						
Contorni						
insalata mista						
insalata verde						
pomodori						
patatine fritte						
Dolci						
tiramisù						
coppa di gelato						
macedonia di frutta						
cassata						
	1	2	3	4	5	6
Bevande						
vino bianco o rosso						
birra						
acqua minerale						
Coca-Cola						

Gioco di parole

A Ci vestiamo di moda

Choosing from the list below, label the picture, then colour each item according to the description.

padre
scarpe nere
calze gialle
camicia nera
pantaloncini grigi
giubbotto rosso

madre
scarpe marroni
jeans classici
camicetta verde
giacca blu
maglione arancione

bambina
vestito azzurro con fiori viola
scarpe rosa
T-shirt bianca

B Dove le metto?

Put the words in the box into the appropriate categories.

macedonia   riciclaggio   bistecca   Pasqua   capo d'anno   gonna   figlio
onomastico   pollo   giacca   bevande   rumore   genitori
calze   inquinamento   ambiente   cappotto   cugina   Natale   cognato

la famiglia   **la moda**   **a tavola**   **le feste**   **l'ecologia**

_____   _____   _____   _____   _____

_____   _____   _____   _____   _____

_____   _____   _____   _____   _____

■ Gioco di parole

C Che cosa prendono?

What do these people like to order when they eat out? Match the illustrations with what they say.

1 Verena
Quando io vado al ristorante voglio prendere tutto. Antipasto, primo, secondo, contorno e anche il dolce. Ma i miei genitori dicono che non posso mangiare tanto. Allora prendo un bel piatto di pasta, una bistecca ai ferri con contorno di patatine e qualche volta anche un gelato.

2 Giulio
A me piacciono tanto i ristoranti all'aria aperta. Io non mangio molto. Prendo un primo...e poi per secondo prendo una cotoletta alla milanese con delle patatine fritte. Ma per me la coppa di gelato è d'obbligo. La devo avere.

3 Rosetta
Io sono vegetariana, dunque devo stare attenta quando vado al ristorante. Prendo un antipasto senza salame o mortadella o carne, naturalmente. Poi ordino il minestrone se non c'è prosciutto.
Se no preferisco pasta al pomodoro. Non prendo mai secondo, solo un'insalata mista e un bel bicchiere di vino.

4 Angelo
A me, i ristoranti piacciono tantissimo. Ci vado spesso. Prendo sempre un bell'antipasto misto e penne della casa. Amo le penne. Ma non posso esagerare, devo stare attento alla linea, dunque prendo un'insalata verde e qualche volta un bicchiere di vino.

Gioco di parole

D Che lavoro fai?

The Venetian author of these famous paintings is known by his nickname, Canaletto. Complete this puzzle and find out his real name.

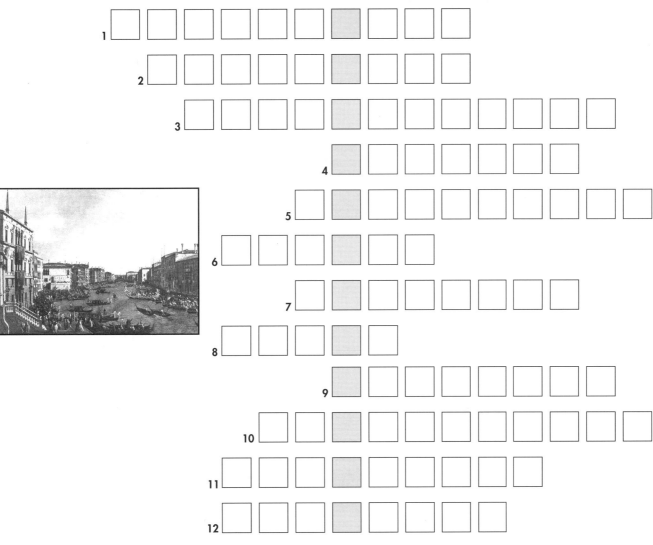

1 aiuta il direttore
2 sa progettare edifici
3 deve stare molto attento al lavoro
4 lavora in una fabbrica
5 aiuta la dottoressa
6 lavora in un ospedale

7 sa come vendere
8 sa come cucinare le specialità
9 va spesso in tribunale
10 un famoso duca di Urbino
11 gli piace l'acqua
12 le piace la moda

Do some research to find out why the artist's nickname was Canaletto.

Punto per punto

A Non adesso, prima

Change the statements and questions below, from the present to the past tense.

1 Caterina si addormenta a mezzanotte.

   Ieri *Caterina si è addormentata a mezzanotte.*

2 Io mi vesto in dieci minuti.

   _____

3 Io e Stefano ci divertiamo un mondo.

   Alla festa, _____

4 Lucia, ti ricordi il suo numero di telefono?

   Lucia, poi _____

5 Gianna e Cecilia non si stancano di girare.

   A Venezia _____

6 Tu e Carlo vi svegliate tardi.

   Ieri mattina _____

7 Io e i miei amici ci incontriamo davanti al cinema.

   L'altro giorno _____

8 Cecilia si ferma al Bar Centrale spesso.

   Lunedì scorso _____

9 Roberto non si arrabbia spesso.

   Durante la gita, _____

10 I negozi aprono alle nove e mezza.

   Sabato scorso _____

B Che bella tabella!

Complete this table of pronouns.

subject pronouns	disjunctive pronouns	reflexive pronouns	direct object pronouns	indirect object pronouns
io				
	te			
		si		
			ci	
				vi

What are the differences between direct and indirect object pronouns?

_____

Punto per punto

C Sono indiretti?

Answer these questions about Gianna's and Cecilia's trip to Venice. In your answers, replace the **highlighted** words with indirect object pronouns.

1 **A Gianna** piace la storia?

   Sì, le piace molto.

2 E **a Cecilia** interessa la storia?

   _____

3 Le ragazze hanno dato da mangiare **ai piccioni**?

   _____

4 Le ragazze che cosa hanno domandato **al gondoliere**?

   _____

5 Chi ha mandato i suoi saluti **a Emilio**?

   _____

6 Che cosa ha raccontato Emilio **alle ragazze**?

   _____

7 Che cosa ha comprato Cecilia **per Gianna**?

   _____

8 **A Gianna e Cecilia** piace Venezia?

   _____

D ...o diretti?

Now replace the words **highlighted** with direct object pronouns. Then rewrite the sentences in the past.

1 Cecilia vuole sentire **la storia di Venezia**?

   No, non la vuole sentire.
   No, non l'ha voluta sentire.

2 Le ragazze sentono **il rumore del traffico**?

   _____

3 Vedono **i piccioni** in Piazza San Marco?

   _____

4 Il gondoliere porta **le ragazze** in gondola?

   _____

5 Gianna e Cecilia cercano e trovano **Emilio Ferri**?

   _____

6 Dove trovano **Emilio**?

   _____

7 Cecilia, da chi vuole sentire **la storia**?

   _____

8 Emilio dove porta **Gianna e Cecilia**?

   _____

Punto per punto

E Vedo che vi piace mangiare

What do these people like to eat? Look at the chart and answer the questions below.

	primo	secondo	contorno	dolce
Tim				
Gianna e Cecilia				
Caterina				
Giovanni e Donatella				

1 A Tim che cosa piace come contorno?

Come contorno gli piacciono le patatine fritte.

2 Che cosa piace a Gianna e Cecilia come dolce?

_____

3 Che cosa piace come primo a Tim?

_____

4 A Caterina che cosa piace come primo?

_____

5 A Giovanni e Donatella che cosa piace come contorno?

_____

6 Che cosa piace come secondo a Gianna e Cecilia?

_____

7 Che cosa piace a Caterina come secondo?

_____

8 A Gianna e Cecilia che cosa piace come primo?

_____

9 A Caterina che cosa piace come contorno?

_____

10 E come dolce che cosa piace a Caterina?

_____

Punto per punto

F Voglio svegliarmi ma non mi voglio alzare

In the following cases, the reflexive pronoun can be in either of two positions. Fill in the missing option.

1	Adesso devo alzarmi.	*Adesso mi devo alzare.*
2		Ci vogliamo divertire.
3	Non devi preoccuparti.	
4		Si può fermare, per favore.
5	Vogliono incontrarsi domani.	
6		Non vi dovete arrabbiare.
7	Non posso addormentarmi.	

G Tu, la famiglia e gli amici

Now answer these questions about yourself using pronouns where appropriate.

1 Vuoi bene a tua madre?

_____

2 Tu e tuo padre avete mai fatto la spesa insieme?

_____

3 A tua madre piace andare al ristorante?

_____

4 Hai telefonato ai tuoi amici questa settimana?

_____

5 La tua famiglia ha guardato la televisione ieri?

_____

6 I tuoi genitori sono mai stati a Venezia?

_____

7 Vedete i vostri zii e i vostri nonni spesso?

_____

8 Hai visto la partita di football la settimana scorsa?

_____

9 Hai fatto i compiti ieri sera?

11 Ai tuoi amici piace l'italiano?

10 Hai fatto molte domande alla tua professoressa?

12 Siete andati al cinema il mese scorso?

H I verbi sono superbi

Complete this table of verbs in the present tense.

	dare	uscire	fare	volere	potere	dovere
io				voglio		
tu					puoi	
lui lei Lei						deve
noi	diamo	usciamo				
voi			fate			
loro						

I Verbo a verbo

Complete these sentences selecting from the verbs in the above table.

1 Sofia, mi _____ un bicchiere d'acqua, per favore?

2 Andate al concerto fra poco? A che ora _____?

3 Vorrei venire ma purtroppo non _____.

4 Dai papà! _____ un giro in macchina!

5 Ho una gran voglia di _____ stasera.

6 Aurelia _____ da mangiare al suo bambino ogni due ore.

7 Io non _____ mai da solo. Mi piace stare con gli amici.

8 Tutti i genitori _____ bene ai loro figli.

9 Gli italiani sono in gamba! _____ molte passeggiate!

10 Uffa! Aspettiamo da un ora. Quando ci _____ da mangiare?

Punto per punto

J Il puzzle

Take a word or a phrase from each piece of the jigsaw to make sentences about each of the people pictured. Make sure you use every word at least once.

e.g. *Cinzia fa la stilista. Ha detto che le piace la moda.*

Tina   Cinzia   Lamberto   Dora

1
Cinzia
Lamberto
Dora
Ugo
Giancarlo
Valentino
Tina   Susanna

2
l'operaio   il cuoco
l'avvocato
la segretaria
l'ingegnere
l'idraulico
la stilista
il medico

3
ha detto
gli ha detto
gli ha domandato
sa   deve
è in gamba

gli piace il suo lavoro
il suo nome
questo lavoro mi piace
lavorare fino a tardi stasera

4 Uffa! Devo trovare il problema.

Sei molto stanco, vero?   le piace la moda

cucinare la specialità della casa

Ugo   Giancarlo   Valentino   Susanna

K Lei è in gamba!

When you use the **Lei** form of address, you must not only use the third person of the verb but also the third person feminine pronouns. Complete this table of pronouns for the **Lei** form of address.

subject	reflexive	direct object	indirect object	possessive			
Lei							

Now rewrite the following sentences using the **Lei** form.

1 Ebbene, ti piace il Ponte di Rialto? _____

2 Se permetti, ti vorrei portare in un simpaticissimo ristorante.

_____

3 D'accordo, allora. Ti telefono più tardi. _____

4 A che ora ti sei alzato stamattina? _____

5 Per il tuo compleanno ti compro un oggetto in vetro.

_____

6 Quando esci con i tuoi amici, dove vai?

_____

7 Tuo cugino ti manda i suoi saluti. _____

8 Vuoi un piatto di pasta o preferisci una bistecca?

_____

L L'e-mail di Marco

Complete Marco's e-mail to his girfriend by writing the correct form of each reflexive verb given in brackets.

Cara Giuseppina,

Non sono venuto a casa tua ieri perché sono stato molto occupato. Ogni mattina (dovere alzarsi) *devo alzarmi* presto, (dovere farsi) _____ la barba e (dovere lavarsi) _____ . Tutto questo prende tempo. Poi devo portare mamma in città, lei non (potere muoversi) _____ senza me. (Dovere ricordarsi) _____ che mamma non è giovane. Quando ritorniamo a casa, mamma vuole sempre (prepararsi) _____ un piatto speciale, e (dovere fermarsi) _____ a pranzo. Dopo un pranzo a casa di mamma, (dovere farsi) _____ una siesta, e così ho dormito tutto il pomeriggio. Cara Giuseppina, non (dovere arrabbiarsi) _____ . Domani, se non sono troppo stanco, (potere divertirsi) _____ . C'è un interessantissimo documentario alla televisione.

baci ed abbracci

Marco

Punto per punto

M I messaggi scritti

An Australian friend, Karen, is staying with you in Urbania for two days. She doesn't speak any Italian, and you are busy at school, so Karen has asked you to write a few notes for her. Here are the two notes to be translated.

1 I'm sorry but I don't speak Italian. A friend has written this for me. Could you please give me a return ticket to Siena for Monday. I would like to leave in the morning and return late at night.

_____

_____

_____

_____

2 Hi, Bibi! This is a message from me, _____. I'd like to introduce you to Karen, or perhaps you'd prefer to call her Carolina. She's an Australian friend of mine and she arrived yesterday. She doesn't speak Italian, so could you please help her? She wants to buy a nice skirt and blouse. I'm sure you'll give her a discount. See you at the Bar Centrale.

_____

_____

_____

_____

The notes you wrote worked so well that Karen became overconfident. She went to a department store and bought some more clothes. Now you have another note to translate.

3 Dear Sir,
My name is _____, I am a student at the Centro Studi. I am writing this because my friend, who is in front of you now, doesn't understand Italian.

Yesterday she bought a dress and a jacket from you. Unfortunately, the jacket you gave her is too small. Could she change it for a larger one? The dress is O.K. but she now prefers black instead of pink. Can you help her, please? Thank you very much for your help. You are very kind.

_____

_____

_____

_____

_____

_____

_____

_____

Che cos'è questa storia?

A Domande

Read **La storia di Venezia** on pages 109 to 113 of the *Textbook*, then answer the following questions in complete sentences.

1 Cecilia e Gianna sono gemelle?

_____

_____

2 Secondo Cecilia, perché vanno d'accordo?

_____

_____

3 Che cosa hanno in comune?

_____

_____

4 Che rumori non si sentono a Venezia?

_____

_____

5 Che cosa fanno i turisti in Piazza San Marco?

_____

_____

6 Che cosa si vede dal Campanile?

_____

_____

7 Perché Gianna non vuole andare a trovare Emilio?

_____

_____

8 Che lavoro fa Emilio?

_____

_____

9 Perché non fanno un giro in gondola?

_____

_____

10 Dove vuole portare le ragazze dopo cena Emilio?

_____

_____

11 A Cecilia interessano l'arte e la storia?

_____

_____

Tocca a voi!

A L'indagine di mercato

An Italian advertising agency is doing some market research for a big supermarket chain. For filling in their questionnaire, you are in the running for a highly paid job as a 'personality' in their advertising campaign. Fill in the following questionnaire in complete sentences.

1 Come si chiama Lei?

_____

2 Dove abita?

_____

3 Quante persone fanno parte della sua famiglia? Chi sono?

_____

4 Che lavoro fa?

_____

5 A che ora si alza la mattina?

_____

6 Ieri mattina che cosa ha mangiato per colazione?

_____

7 Quanto ne ha mangiato?

_____

8 Come va al lavoro o a scuola?

_____

9 Quanto ci vuole per arrivarci?

_____

10 A che ora è arrivato al lavoro/a scuola ieri?

_____

11 Quanto tempo ha potuto prendere per pranzo?

_____

12 Quante ore ha lavorato ieri?

_____

13 Come è vestito in questo momento? Siamo interessati anche ai colori.

_____

14 Qual è il suo negozio o supermercato preferito?

_____

Grazie per il suo aiuto!

B Sei un soggetto perfetto?

Your response to the market research questionnaire was much appreciated. The advertising agency thanks you for your cooperation, but tells you you are not 'average' enough for their requirements. They are looking for a really boring 'personality', to show how their client's store can spice up one's life. Write back and explain what your routine was yesterday to convince them how boring you are.

_____

_____

_____

_____

_____

_____

_____

_____

_____

C Vuoi fare lo stilista?

Like the great Italian fashion houses, you're devising a fashion parade using famous people as the models. Choose four famous people and prepare the cue cards for the announcer, including the following:

- what each model is wearing
- why the outfit suits the person
- on what occasions the person would wear it
- what colour the outfit is
- any other exciting information that will help convince the buyers.

Tocca a voi!

D Le mie specialità

You're back from your trip to Italy and you've invited some friends to dinner. You want to impress them with your newly acquired cooking skills by preparing an extravagant five-course Italian meal. Write out the menu, then list the shops you will have to visit and the ingredients you'll have to buy there.

E Il mio nuovo ristorante

While you are in Italy, your friend asks you to design a brochure for his new restaurant. Don't forget to include:
- a catchy Italian name
- details of the location
- a list of the specialities
- any special features that will help attract customers.

F Pronto. Avete telefonato...

You're settling into your Italian apartment and need to put a message on your telephone answering machine. Write out a message that you can record. Make it entertaining by giving some excuses as to why you're not there. Don't forget to ask the caller to leave their name and number, and the time they called. And remember to say you'll call them back as soon as you can.

G Cercasi lavoro

While looking through the weekend newspaper you came across these three job advertisements which looked interesting. Select the one which appeals to you most and write a letter to apply for the position.

In your letter you should:

- respond to the requirements in the advertisement
- state your qualifications
- say what experience you have
- say what skills you have
- mention other things you know, like, or can do that relate to the job
- add anything else you think might help you get the job.

Your letter might begin:

Egregio Signore,
Sono interessato nel lavoro di....

GONDOLIERE
Il comune di Venezia cerca un **Gondoliere**

- deve essere una persona allegra e spiritosa
- deve sapere parlare l'inglese ed almeno un'altra lingua straniera
- deve sapere cantare canzoni romantiche

Inviare lettera al Comune di Venezia Piazza San Marco 57 – 30124 Venezia

---

Agenzia Viaggi

Agenzia Viaggi Speranza cerca un Agente di Viaggi

Il candidato ideale deve:

- conoscere almeno due lingue straniere.
- sapere usare il computer.
- essere bravo in geografia.
- sapere organizzare gite ed escursioni.

Gli interessati sono pregati di scrivere a:
Il Direttore Agenzia
Viaggi Speranza
Campo S. Sofia 17 – 30124 Venezia

Parli bene l'inglese?

Parli bene l'inglese?

Sei una persona gentile e puntuale?
Ti piace incontrare persone nuove?
Preferisci lavorare di sera ed avere tutto il giorno libero?

Allora, perché non fare il **Cameriere**?

Inviare lettera a
Trattoria S. Agostino
Calle della Madonnetta 24
– 30124 Venezia

Sapore d'Italia

A Intervistiamo una nota stilista italiana

Read **Intervistiamo una nota stilista italiana** on pages 126 to 127 of the *Textbook*, then answer the following questions.

1 Where is Laura Andreani's boutique?

_____

2 Which city was considered the undisputed fashion centre of the world?

_____

3 How have things changed?

_____

4 What are **firme**?

_____

5 Why are **firme** so important?

_____

6 What does **fare belle figura** mean to Italians?

_____

7 What makes Italian fashions so popular and successful?

_____

8 How are Benetton and Fiorucci different from labels like Armani and Valentino?

_____

9 What is distinctive about the language of fashion?

_____

B Supermodelle addio!!

Read **Supermodelle addio!! Arriva la nonna in passerella** on page 127 of the *Textbook*, then answer the following questions.

1 What is the latest trend in fashion parades?

_____

2 By whom was it created?

_____

3 Which other phenomenon did these people create?

_____

4 Which beauty contest did Isabella Verney win in 1939?

_____

5 With whom did Gino Paoli appear on the catwalk?

_____

Capitolo otto

Ascoltiamo! ▮

A Ancora diapositive!

Professor Di Matteo is showing his students slides of Florence and its treasures. As he talks about them, match the descriptions with the slides by writing the appropriate numbers in the boxes below.

Ascoltiamo!

B Sto male!

Listen to these people tell their doctor what the problem is. Label the part of the body that hurts and put the appropriate number in the box. Then identify the treatment prescribed by writing the correct letter next to the number.

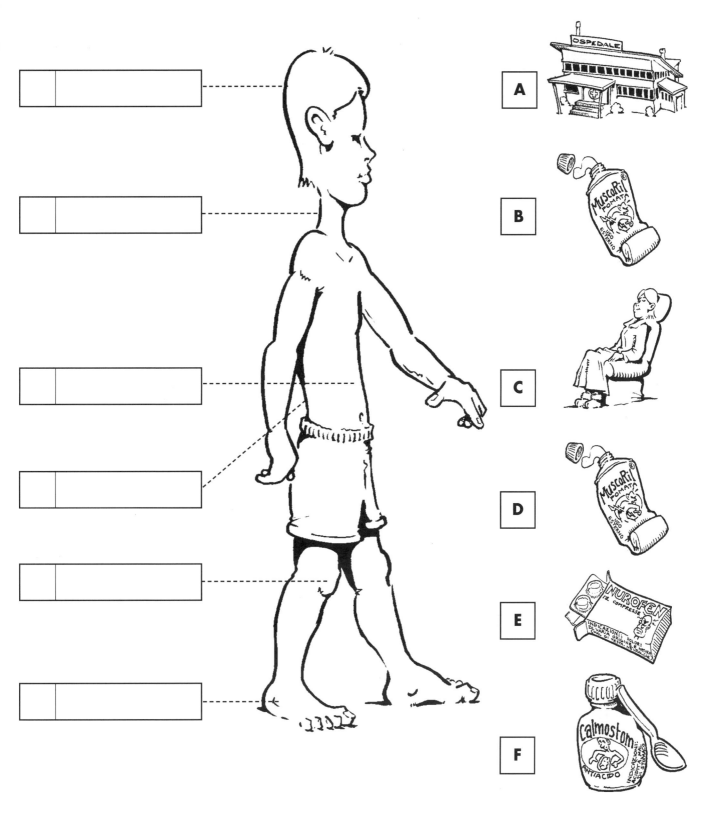

A

B

C

D

E

F

Ascoltiamo!

C Quando ero giovane io...

Carlo thinks he works hard, but according to his grandfather things were much tougher in his day. Read through the statements below, then listen as Carlo's grandfather tells us a little about life when he was younger. Circle **vero** if the statement matches what he says or **falso** if it doesn't.

1	Si alzava molto presto per andare a scuola.	**vero**	**falso**
2	Fortunatamente, la sua scuola era vicina.	**vero**	**falso**
3	Per pranzo mangiava sempre pane e frutta.	**vero**	**falso**
4	Tornava a casa stanco morto.	**vero**	**falso**
5	Faceva i compiti dopo aver pulito la cucina.	**vero**	**falso**
6	Si divertiva durante le vacanze.	**vero**	**falso**
7	A volte lavorava in campagna fino a mezzanotte.	**vero**	**falso**
8	Non voleva andare in campagna con i suoi genitori.	**vero**	**falso**

D Aveva una faccia brutta...

A bank was robbed by a man and a woman earlier in the day and thanks to the descriptions of an eyewitness, several suspects have been arrested. The police have organised a line-up of the suspects for the eyewitness to view. As you listen to her tell the police what she saw, you will be able to eliminate one suspect at a time until you are left with the guilty one.

Ascoltiamo!

E Sbrigatevi!

Getting six children ready for school in the morning is not an easy task. What is this mother telling her children to do? Match her commands with the illustrations by putting the appropriate number in each box.

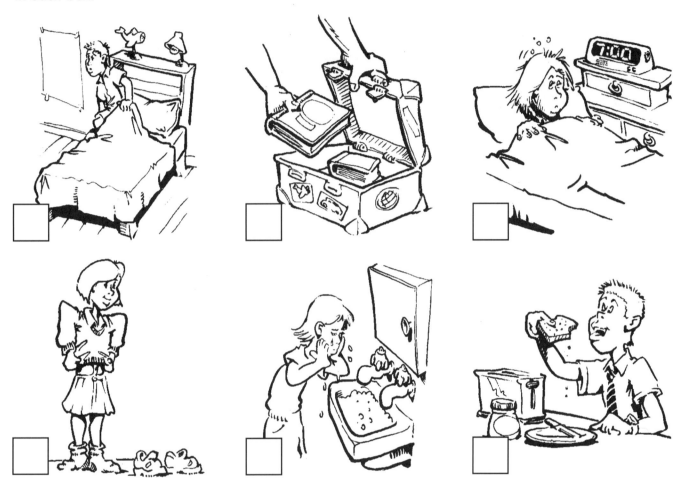

F Ciao, sono io...

Your flatmate rang earlier. You were out so she left a message on the answering machine. As you listen to her message, jot down all the things she wants you to do.

Ascoltiamo!

G Ecco la mia VISA

Listen as a few of the students go to the bank to withdraw some money. As they complete their transactions write down, on the form below, how much they withdraw or exchange (**Importo**), what the exchange rate (**Cambio**) is, whether they use **una carta di credito** (**CC**) or **un traveller's cheque** (**TC**) and the currency (**Valuta**) they exchange.

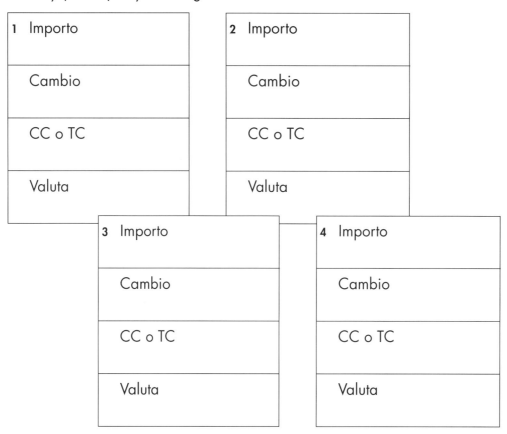

1 Importo
Cambio
CC o TC
Valuta

2 Importo
Cambio
CC o TC
Valuta

3 Importo
Cambio
CC o TC
Valuta

4 Importo
Cambio
CC o TC
Valuta

Gioco di parole

A La parola fuoriposto

Circle the odd word out.

1	cambio	dollaro	camera	cassa
2	firma	patente	carta di credito	documento
3	bagno	camera	doccia	caviglia
4	goccia	gola	caramella	compressa
5	orecchio	fronte	naso	ginocchio
6	litigare	addormentarsi	arrabbiarsi	emozionarsi
7	sempre	senza	mai	spesso
8	colpevole	distratto	strano	pallido

Gioco di parole

B Il corpo

Orrizontale

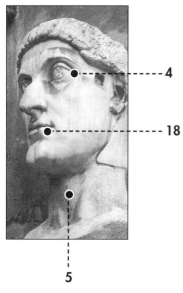

— 4

— 18

5

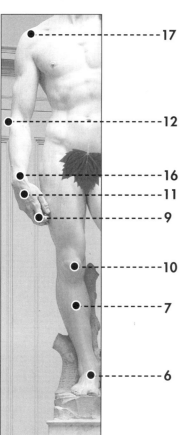

— 17

— 12

— 16

— 11

— 9

— 10

— 7

— 6

Verticali

— 3

— 15

— 10

— 1

— 2

— 14

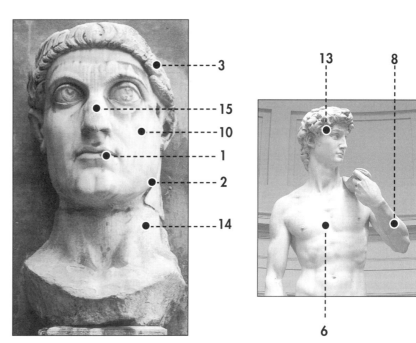

13   8

6

C Abbiamo queste espressioni. Che facciamo?

The words and phrases in the box are used with either **avere** or **fare** in idiomatic expressions.
Match the words and phrases with the verbs in the columns below, next to the corresponding English meanings of the idiomatic expressions.

---

i compiti   sete   la testa dura   bisogno di   ragione

    venti anni   fame

                    attenzione   una festa   vedere   pazienza

una torta   una passeggiata   un giro   la spesa   fretta

---

avere	meaning
_____	to be thirsty
_____	to be stubborn
_____	to be right
_____	to have need of
_____	to be hungry
_____	to be in a hurry
_____	to be 20 years old
_____	to have patience

fare	meaning
_____	to have a party
_____	to do the shopping
_____	to go for a ride
_____	to do homework
_____	to pay attention
_____	to go for a walk
_____	to make a cake
_____	to show

Gioco di parole

D La Pensione Bellavista

Match the symbols with the features of the rooms and the services at the Pensione Bellavista.

bagno	doccia	ristorante	aria condizionata	letto singolo
letto matrimoniale	televisione	bella vista	telefono	colazione inclusa

_____ _____ _____ _____ _____

_____ _____ _____ _____ _____

Punto per punto

A L'imperfetto non è perfetto

Complete this table of verbs in the imperfect tense.

	imparare	ridere	finire	essere	fare	dire
io	imparavo					
tu						
lui lei Lei		rideva				
noi						
voi		finivano				
loro						

Punto per punto

B Andava, vedeva e sentiva

What are the four situations in which the imperfect tense is used to describe something that happened in the past? An example for each case is given.

1 _____

    e.g. Io giocavo a tennis ogni sabato pomeriggio.

2 _____

    e.g. Pioveva, faceva brutto tempo.

3 _____

    e.g. Annamaria era stanca, ma era contenta.

4 _____

    e.g. Mentre Lucia era in Italia, ha incontrato tanti amici.

C Conosci l'imperfetto? Perfetto!

Complete each sentence by writing in the correct form of one of the verbs below. Then indicate which of the rules above relates to each sentence, by writing 1, 2, 3 or 4 in the brackets.

> prendere   essere   studiare   fare

1 Mentre io _studiavo_, mi ha telefonato un amico. (4)

2 Il sole splendeva, ma _____ ancora freddo. (__)

3 Non ci credo! In Italia Caterina _____ la spesa ogni giorno. (__)

4 A Firenze, Carlo _____ veramente giù di morale. (__)

5 Al Bar Centrale, _____ il gelato superspeciale al cioccolato. (__)

6 Ieri al tennis, tu e Annamaria _____ in piena forma. (__)

7 Che cosa _____ quando io ti ho disturbato? (__)

8 Al ristorante in centro, i ragazzi spesso _____ la Pizza del Duca. (__)

9 Che colpo di fortuna. Quel giorno, il tempo a Firenze _____ bello. (__)

10 Al Centro Studi Italiani, i ragazzi _____ molto? (__)

Punto per punto

D Come eri quando eri piccolo

Answer these questions about what you used to do when you were younger.

1   Dove andavi a scuola? Quando andavi? A che ora ti alzavi? Come andavi a scuola, a piedi?

_____

_____

_____

_____

2   Avevi molti compiti? Con chi facevi i compiti? Quante ore al giorno studiavi?

_____

_____

_____

_____

3   Avevi molti amici? Chi erano? Che cosa facevate nel vostro tempo libero? Andavi al cinema?
    Chi ti portava? Qual era il tuo film preferito?

_____

_____

_____

_____

4   Guardavi molto la televisione? Qual era il tuo programma preferito? Chi nella tua famiglia
    guardava di più la televisione?

_____

_____

_____

5   Che sport facevi? Eri bravo? Quando e con chi giocavi? Ti piaceva il football? Qual era la tua
    squadra preferita?

_____

_____

_____

_____

Punto per punto

E È perfetto o imperfetto?

Complete this story by writing the imperfect or the perfect tense of the verbs in brackets.
Italians refer to this legend of *La 'O' di Giotto* to indicate perfection.

Giotto, il grande artista toscano che, fra le tante opere, (progettare) _____ e (costruire) _____ il campanile della Cattedrale di Firenze, (essere) _____ il pittore più famoso del suo tempo.

Una leggenda racconta che un giorno il Papa, che (sentire) _____ spesso parlare di Giotto, (volere) _____ avere un esempio della sua abilità. Allora gli (mandare) _____ un suo rappresentante che gli (chiedere) _____ di dipingere qualcosa per il Papa.

Giotto, che (essere) _____ ancora giovanissimo, (prendere) _____ un pezzo di carta e con un solo movimento del braccio, (fare) _____ una grande 'O'. (Essere) _____ perfetta.

Mentre il rappresentante del Papa (guardare) _____ senza parole, Giotto gli (dire) _____, 'Di' al Papa come io (fare) _____ questo.'

Quando il Papa (sentire) _____ la storia, e (vedere) _____ la 'O', (capire) _____ la grande abilità dell'artista, e gli (dare) _____ lavoro.

F È imperativo!

Complete the following sentences by writing the **tu** form of the imperative. Fill in the **voi** form of the imperative in brackets at the end of each sentence. Choose from the verbs in the box below.

usare		andare	bere		lavare	gridare
venire	chiudere	mangiare	mettere	preparare	avere	essere

1 E adesso, *prepara* la tavola, per favore! (*preparate*)

2 Presto! _____ a casa subito! (_____)

3 Dai! _____ i piatti! (_____)

4 Basta! Adesso _____ la pasta ! (_____)

5 Non _____! Mi fa male la testa. (_____)

6 Va bene, _____ i cucchiaini nel cassetto! (_____)

7 _____ sincera! Non sei contenta oggi, vero? (_____)

8 Non _____ troppo caffè. Ti fa male. (_____)

9 Ecco! _____ questa pomata! (_____)

10 _____ pazienza! Sono occupata. (_____)

11 Fa freddo. _____ la porta, per favore! (_____)

12 Non _____ in città, oggi piove.(_____)

G È sempre imperativo!

Complete the following sentences by writing the appropriate form of the imperative. Choose from the reflexive verbs in the box below.

muoversi		divertirsi		fermarsi		lavarsi	
	dimenticarsi		alzarsi		arrabbiarsi		incontrarsi

1 Uffa! Donatella, _____ le mani per favore!

2 Andate alla festa? _____ allora!

3 Sei ancora a letto. _____ subito!

4 Mi dispiace Caterina, ho sbagliato, ma non _____!

5 Mamma mia, siamo in ritardo. _____ ragazzi!

6 Quando ritornate a casa, non _____ di scrivere!

7 Alle otto per noi va bene. _____ davanti al Bar Centrale, allora!

8 Prima di arrivare a Firenze, _____ a Siena! Vale la pena.

H Questi plurali non sono normali!

Write the plurals of the following nouns.

1 la città _____   6 il dito _____

2 la mano _____   7 il lunedì _____

3 lo sport _____   8 l'uomo _____

4 l'orecchio _____   9 l'uovo _____

5 il turista _____   10 il braccio _____

1 Come si sono fatti male?

These people have all hurt themselves. Write what part of the body they hurt and what they were doing at the time.

1 *Si e fatto male al ginocchio mentre giocava a calcio.*

2 _____

3 _____

4 _____

5 _____

6 _____

7 _____

8 _____

Punto per punto

J Finalmente...ci siamo

Your study of Italian using *Ci siamo* is coming to an end. Answer these questions about how you're going. In your answers, don't forget to use object pronouns wherever possible.

1 Hai letto la Pizza Patriottica a pagina 149?

   Sì, l'ho letta. o No, non l'ho letta.

2 Hai studiato la grammatica a pagina 156–7?

3 Hai letto le due storie di questo capitolo?

4 Quando hai ascoltato la canzone *Quattro Amici*?

5 Hai imparato i verbi irregolari? Li conosci tutti?

6 Hai parlato in italiano o in inglese con la professoressa?

7 E con i tuoi amici hai parlato in italiano?

8 Hai finito di leggere il libro?

9 Hai sempre finito i compiti in tempo?

10 Hai già fatto l'esame? Come sei andato/a?

Punto per punto

K Sono tutte storie

A murder has been committed and the police are interrogating the prime suspect. Read his statement and compare it to the police sketch of the crime scene, then correct the eight mistakes that the witness has made.

Io sono andato a casa di Mario perché lo volevo salutare. Il giorno dopo lui doveva partire per un viaggio in America.

Quando sono arrivato, Mario leggeva il giornale e allo stesso tempo guardava la televisione. Era contento di vedermi. Io e Mario eravamo molto amici.

Faceva freddo, la finestra era aperta. Sul tavolo c'erano due bottiglie e quattro bicchieri. E c'era anche una fotografia di sua sorella…sì una foto di sua sorella…si assomigliavano molto lui e sua sorella.

Mario ha aperto la bottiglia di whisky e ne ha messo un po' in due bicchieri. Abbiamo bevuto e io gli ho augurato buon viaggio. Poi, mentre gli parlavo, è caduto.

1 *La finestra non era aperta, era chiusa.*

2 _____

3 _____

4 _____

5 _____

6 _____

7 _____

8 _____

L Tiramisù

You're publishing a recipe book and your photographer has just sent you the photos for the **Tiramisù** recipe. However, they are not in their correct sequence. To put them in the right order you'll need to write the number of the appropriate instruction in the box under each photo.

Tiramisù

1 Dividete i tuorli e la chiare d'uovo.
2 Sbattete i tuorli con lo zucchero finché densi e cremosi.
3 Aggiungete il mascarpone e continuate a sbattere.
4 Montate a neve le chiare. Aggiungetele al composto e mescolate bene.
5 Mescolate bene il caffè e il liquore.
6 Bagnate metà dei biscotti nel caffè e disponeteli sul fondo da una terrina da 2 litri.
7 Spargete metà della crema sui biscotti. Aggiungete un altro strato di biscotti e coprite con il resto della crema.
8 Mettete in frigo per 10–12 ore.
9 Spolverizzate con cacao prima di servire.

Che cos'è questa storia?

A Domande sulla gita a Firenze

Read **C'è qualcosa nell'aria** on pages 132 to 135 of the *Textbook*, then answer the following questions in complete sentences.

1 Com'era il tempo a Firenze?

_____

2 Perché era distratta Cecilia?

_____

3 Perché è giù di morale Carlo?

_____

4 Dove abitava d'estate il Duca di Montefeltro?

_____

5 Secondo te, Lucia è arrabbiata con Carlo?

_____

6 Perché Cecilia è salita in cima al campanile?

_____

7 Secondo l'artista, a chi assomiglia Tim?

_____

8 Che cos'è la Porta del Paradiso?

_____

9 Che cosa c'è adesso sul Ponte Vecchio?

_____

_____

10 Secondo Annamaria, perché sta male Carlo?

_____

_____

11 Che cosa suggerisce Annamaria?

_____

_____

12 Qual è la reazione di Lucia quando Annamaria le racconta tutto?

_____

_____

Che cos'è questa storia?

B Domande sugli ultimi giorni a Urbania

Read **Arrivederci Urbania** on pages 150 to 153 of the *Textbook*, then answer the following questions in complete sentences.

1   Perché Lucia dice che Carlo è un tipo sentimentale?

_____

_____

2   Che cosa ha detto il professor Pasotto agli studenti?

_____

_____

3   Che cosa hanno fatto gli studenti dopo la cerimonia?

_____

_____

4   Erano tutti contenti? Perché?

_____

_____

5   A Tim sono piaciute le patatine di Roberto?

_____

_____

6   Che cosa fanno Carlo e Lucia per la prima volta?

_____

_____

7   Carlo e Lucia hanno molto in comune?

_____

_____

8   Perché Lucia dice che la vita è crudele?

_____

_____

C Ricordi il primo giorno?

At the end of a journey, it's time to reminisce. Look at these photos and write what you remember about the incident suggested by the photo.

1   Il primo giorno a scuola Lucia ha incontrato Annamaria. Erano nella stessa classe. Lucia credeva che Consuelo Burchi, la loro professoressa, era un uomo. Annamaria sapeva che era una donna ma ha detto che era un uomo alto e bruno. Quando Lucia ha visto che Consuelo era una donna piccola, non era molto contenta dello scherzo di Annamaria.

2   _____

3   _____

4   _____

5   _____

6   _____

7   _____

8   _____

Tocca a voi!

A L'amore...l'amore...

The last time the students met at the Bar Centrale, they were all feeling contemplative and philosophical. One of the topics that they discussed was love. They each gave a personal definition. Read their definitions, then describe your attitude and give your own definition of love. You could also recount an experience which relates to your attitude

* to be in love **essere innamorato**.

Carlo era emozionato.

Secondo me, l'amore è la cosa più importante e più bella di questo mondo. Quando penso all'amore voglio cantare e piangere allo stesso tempo.

Caterina era *sincera*, come sempre.

Quando incontri una persona, o ti piace o non ti piace. È semplice. Questo è l'amore.

Lucia faceva la romantica.

L'amore è come una pianta. Cresce piano piano e poi diventa un fiore.

Roberto era freddo e arrabbiato.

Quando si sente l'amore per la prima volta si è contenti, si hanno tante speranze. L'amore promette molto, ma dopo un po' viene la delusione.

Era scherzosa e comica.

L'amore è come un mal di testa. Ti devi riposare, devi prendere un'aspirina e poi va via.

_____
_____
_____
_____
_____

Tocca a voi!

B Dieci anni fa la vita era più facile

The world is changing so rapidly, you want to let your descendants know what life was like for you. Write a letter to be opened by them a hundred years from now. Describe at least three positive and three negative things about your life.

OR

Is life better today than it was when you were much younger? Reminisce about the past and compare it to life in the modern world of today.

C La mia autobiografia

Write a brief autobiography of your life so far. It's *your* autobiography so you can bend the truth a little if you like! You should include:

- what you were like as a child (e.g. your peculiar personality traits)
- what other family members were like (e.g. their peculiar personality traits)
- some of the things you used to do (e.g. your best deeds)
- what other family members used to do (e.g. their worst deeds)
- some interesting things that happened (e.g. family scandal)
- and anything else that might be of interest to future generations (e.g. your great achievements).

D Alzati presto ogni mattina!

The end of the year is approaching so it's time to start thinking about your New Year's resolutions. Write ten things you want to do next year.

You'll be pinning this list up in your bedroom, so write it in the **tu** imperative; it will have more impact when you read it each morning.

E Egregio Signor Ferri...

Write a letter to Roberto at the Centro Studi Italiani in Urbania enquiring about doing an Italian course. In your letter:

- introduce yourself
- say when you are thinking of going
- ask about cultural events during that time of the year
- say something about your level of Italian
- ask about accommodation
- ask about costs.